[美国] 哈维 · C.曼斯菲尔德 著　马睿 译

托克维尔

牛津通识读本 ·

Tocqueville

A Very Short Introduction

译林出版社

图书在版编目（CIP）数据

托克维尔/（美）哈维·C.曼斯菲尔德（Harvey C. Mansfield）著，马睿译．—南京：译林出版社，2016.11（2022.4重印）
（牛津通识读本）
书名原文：Tocqueville: A Very Short Introduction
ISBN 978-7-5447-6468-1

Ⅰ.①托… Ⅱ.①哈… ②马… Ⅲ.①托克维尔，A.(1805—1859)-政治思想-研究 Ⅳ.①D095.654.1

中国版本图书馆 CIP 数据核字（2016）第 147957 号

著作权合同登记号　图字：10-2020-573 号

托克维尔 ［美国］哈维·C.曼斯菲尔德 / 著 马 睿 / 译

责任编辑　何本国　陈　锐
责任印制　董　虎

原文出版　Oxford University Press, 2010
出版发行　译林出版社
地　　址　南京市湖南路 1 号 A 楼
邮　　箱　yilin@yilin.com
网　　址　www.yilin.com
市场热线　025-86633278
排　　版　南京展望文化发展有限公司
印　　刷　江苏凤凰通达印刷有限公司
开　　本　890 毫米 × 1260 毫米　1/32
印　　张　8.375
插　　页　4
版　　次　2016 年 11 月第 1 版
印　　次　2022 年 4 月第 5 次印刷
书　　号　ISBN 978-7-5447-6468-1
定　　价　39.00 元

序言

崇明

美国著名政治哲学学者曼斯菲尔德教授的托克维尔导读简明、精辟，触及了托克维尔自由主义思想的核心，也就是对灵魂（soul）与伟大（greatness）的关注。在曼斯菲尔德看来，这一点恰恰是托克维尔自称为新自由派的“新”之所在，因为他之前的自由主义的典型代表人物霍布斯、洛克恰恰试图把灵魂和伟大从政治中去除。虽然曼斯菲尔德主要在托克维尔与17世纪的自由主义者之间展开辩驳，但在他的论述里，托克维尔与霍布斯和洛克的分野事实上构成了托克维尔与自由主义主流的区别。这一分野和区别当然需要更为细致的辨析，因为至少就洛克而言，《政府论》对灵魂问题的相对缄默并不意味着洛克并不重视灵魂的状态和拯救。不过，曼斯菲尔德确实让我们看到，托克维尔就政治之于灵魂与伟大的关联的谆谆教导在自由主义传统中的确独树一帜。

这一对心灵的不同寻常的执着敏感，可能首先源于出身贵族的托克维尔对民主的这一深切感受：民主几乎造成了一种新的人性（humanity），至少民主与贵族时代的人代表了两种人性。与古代民主不同，现代民主首先是一种民主人的生活方式，其次才是自治（self-government）的统治形式。不过作为生活方式的民主却不如作为自治的民主值得称道。托克维尔首先把民主界定为以身份平等为特征的社会状态，而这一社会状态中最为原初的特征就是个体的孤立，因此缺乏社会性（sociable）和友善。曼斯菲尔德谈到，托克维尔与霍布斯、洛克的区别之一，是他没有使用自然状态这一概念。不过，这并不意味着民主与自然状态无关，因为民主虽然不是社会契约论设想的那样生成于自然状态，但它却能创造自然状态。曼斯菲尔德的友人、另一位托克维尔研究专家、法国著名政治哲学学者马南同样指出，民主不断地向自然状态回归以便从这一自然状态中走出。无论是创造、回归还是离开，自然状态构成了民主的参照。民主的社会状态以“一切人对一切人的竞争”取代了霍布斯式自然状态中“一切人对一切人的战争”，正是在这样的竞争中，民主人会纠缠于骄傲、贪欲、焦虑、嫉妒、虚弱的欲望和情绪当中。这些欲望和情绪是霍布斯自然状态中的骄傲、恐惧、虚荣、权势欲的某些变形，只是国家的存在阻止了它们轻易发展为暴力冲突。所以，虽然通过社会契约形成的国家和政府终止了往往表现为战争状态的自然状态，为所有个体提供了安全与和平，但是平等个体构成的民主的社会状态仍然让他们生活在竞争所带来的压力和动荡中，结果他们往往像美国人那样，即使生活在幸福中也仍然焦虑不安。贵族制以种种等级、团体、家族构成政治、社会和伦理纽带，把心灵安顿在环环相扣的秩序中，民主则瓦解了这些纽带和秩序，发明了个体，而个体也更多地需要借助自身的努力来创造生活和意义。不过，托克维尔绝不是保守主义者，曼斯菲尔德也提醒人们注意他对贵族制的不义的批评。平等的到来与个体的创生也意味着新的自由和正义的可能。但是这一可能的实现必须以克服民主社会状态中的心灵病症为前提。这就是为什么灵魂如此显著地出现在托克维尔对自由的思考里。

托克维尔表明我们不应该对在民主时代里塑造健康、卓越乃至伟大的灵魂感到绝望。曼斯菲尔德反复谈到托克维尔试图在民主心灵中培育一种恰当的骄傲（pride）的努力。换言之，在自由中应注入骄傲，而不仅仅是利益。霍布斯致力于以利维坦国家来驯服骄傲，托克维尔则提醒立法者应该激发民众的雄心。骄傲不是民主的主要危险，谦卑则并非公民的德性。托克维尔这里谈到的谦卑不是基督教教导的人在上帝面前的自我降卑，而是平等个体出于自我的有限和软弱而对自我的有意识或无意识的贬低。当然，这里需要对骄傲加以界定，因为某种类型的骄傲亦是一种恶。骄傲是人的本性。平等一方面满足了人的骄傲感，因为虽然人与人之间存在巨大的差异，但是平等超越这些差异为人赋予了尊严。但是，这种尊严感是所有人都可以拥有的，它并不能满足人们对优越于他人的追求，而对优越的渴望是人性最强烈的激情之一。结果，民主人事实上并不热爱平等，他们自认为比邻人优越，亦不愿意服从平等之辈的领导。所以，平等激发人的骄傲和嫉妒，这一骄傲事实上是轻蔑他人的傲慢。但另一方面，吊诡的是，这些既不能忍受平等也不能忍受他人之优越的民主人却往往只追求物质享受，胸无大志，眼光短浅，他们的自我认知事实上是卑微的。托克维尔为民主所宣扬的骄傲不是对邻人的傲慢，而是对自我的提升。只有真正提升了自我，才能克制和克服对邻人的轻蔑。这一提升，需要民主个体感受到自我的力量和德性，并因而产生自豪。作为自治的民主的重要意义就是培育公民的自豪。这就是为什么曼斯菲尔德强调作为自治的民主比作为生活方式的民主更为值得称道，或者说政治生活在民主所提供的各种生活方式中具有无可替代的价值，因为缺少了政治生活，民主将同时陷入灵魂的傲慢和萎靡当中。

作为自治的民主的根本内涵在于公民通过联合来进入政治、承担责任并捍卫自由。曼斯菲尔德通过托克维尔本人的政治行动提醒人们，政治在本性上具有贵族性，因为政治要求统治，统治意味着领导和承担责任，而能够承担责任的领导者必须是卓越的。然而，在现实政治里，无论在贵族制还是民主制当中，这种卓越和贵族性都不多见。民主政治的重要方式是公民在政治实践中学习自治。在美国，这一学习方式主要有乡镇自治、陪审团制和政治结社。正是在这些实践和学习中，美国人理解了权利、法律、责任、德性，掌握了辩论、商议、法治、结社等自由的技艺。在美国，自下而上的人民主权在各个层面让公民成为自己的主人。自治也是统治，同样具有政治统治所要求的贵族性，并且要求公民同时能够统治和服从。正是在自治中，公民认识到自身的力量和品质，特别是意识到他们可以通过联合来解决重大的问题。曼斯菲尔德指出，正是因为结社这样的政治参与让公民感受到了灵魂的高贵，托克维尔才认为结社类似于贵族。在民主时代，结社不仅仅像贵族那样可以抵抗专制，更重要的是结社通过提升公民的自信和自尊让他们感受到灵魂的卓越。自治的政治生活的价值不仅仅在于让民众获得利益，更在于使他们因为灵魂的力量而感到骄傲。

曼斯菲尔德谈到，托克维尔与密尔这样的典型的强调个体性的自由派不同，他注重结社，对个体自身对抗大众的能力表示怀疑；因此，托克维尔也不像密尔那样对知识分子引导公共舆论充满信心，相反他尖锐地指出，民主时代的知识分子如哲学家、历史学家乃至诗人，往往被民主的公共舆论所支配。由此我们看到，托克维尔虽然致力于在民主时代维护贵族精神，但是他并没有寄希望于通常所谓的精英——不妨去看看他在关于1848年革命的回忆录中勾勒的从国王到议会领袖到理论家到总统的一幅幅精英肖像！在他那里，具有自治能力的公民才是真正的精英。美国的制宪国父和法学家阶层是他最为推崇的美国精英，我们看到这些精英其实都是卓越的公民，而美国公民的卓越之处就在于他们愿意信服这些公民的卓越，因此在服从中我们也可以看到公民的卓越。正如托克维尔所言，服从本身不会败坏人，不正当的服从才会。正是在自治和法治（美国的自治是以法治为框架的）中培育的判断力和责任感才能够锻造灵魂强大的公民。

因此，曼斯菲尔德强调，托克维尔是关注灵魂而不是自我的自由派。确实，很多强调个体权利的自由派瞩目于自我而遗忘了灵魂，而在托克维尔那里，很大程度上只有放下自我或者说把自我置于超越自我的处境中才能发现灵魂。除了自治的政治生活要求民主个体把共同体置于自我之上，家庭和宗教也是民主个体走出自我的路径。很多人认为家庭不过是对自我的庇护所，然而在托克维尔的论述里或者说在他对美国家庭的观察当中，家庭的维持取决于男性和女性在情感、欲望、责任之间的平衡和节制，因此家庭事实上要求自我能够舍己与献身，能够为了家庭规训自己的情感和欲望。托克维尔与很多自由派的一个重要区别，在于他并没有在公共领域和私人领域之间划出绝对的界限。在他看来，一个无法在家庭中安顿身心情感的公民（在他的时代主要指的是男性）必然会把心灵的混乱带入公共领域当中。

如果关注灵魂，必然要思考宗教，因为宗教关乎的正是灵魂之事。值得注意的是，民主在美国的发源和成长在很大程度上是宗教性和灵魂性的。在美国，民主并非起源于社会契约，而是清教徒与上帝的圣约。这一追求灵魂拯救的圣约要求的是作为自治的民主，或者说这一自治是灵魂拯救的政治行动方式。不过，清教徒的圣约并不能对其他宗派的信徒和非信徒构成约束，强行约束的努力则造成了专制和冲突。最终，借助《独立宣言》和宪法，美国人以社会契约建构了社会状态的民主并使之合法化，进而在制度层面以契约而非圣约的方式来运转其民主。因此，在美国，自由既有宗教的根源，又与宗教构成了张力。美国人则是借助自由精神和宗教精神的结合来平衡这一张力，以宗教维护自由，以自由支持宗教。正是宗教提供的纽带及其塑造的民情为自治提供了道德基础。所以，虽然社会契约规定了政教分离，但宗教依然成为美国首要的政治制度。换言之，在美国，法律是契约性的，民情则是圣约性的。在宗教所指引的对不朽的追求中，民主人能够战胜民主社会状态中物质主义、享乐主义、个体主义及其伴随的焦虑、嫉妒、虚弱等等，发现灵魂的高度、力量和卓越。宗教所教导的克己和对他人的伦理责任也提供了共和国所需要的德性。因此，美国人形成了某种共和神学，他们相信信仰创造德性，而德性是自由的基础。

正是出于对灵魂卓越的追求，托克维尔激励民主人特别是立法者去追求伟大，而很多自由派对伟大保持缄默，如果不是加以拒斥和批判的话。伟大首先在于灵魂的德性和卓越。但是，正如曼斯菲尔德在对伟大和善的辨析中指出的，托克维尔所理解的伟大有某种含混性，有可能背离德性和道德，譬如他所推崇的旨在振奋民主心灵的帝国事业就无法摆脱征服所带来的不道德和不义。这是很多自由主义者避谈伟大的主要原因，因为这一伟大对权利和利益构成了威胁。所以，自由主义通常把权利和利益置于伟大之先，这自然有其正当之处，尤其在西方人特别是欧洲人对伟大的追求在20世纪两次大战中遭到了重创之后。二战以来，对伟大的排斥使人权政治成为自由主义的主要内涵。但矫枉过正的是，人权的充分伸展迅速推进了西方社会的个体化，正是这一个体化对民族共同体及其自治——民主政治带来了重大的挑战。这一人权政治主要把权利仅仅理解为个体应得的占有物，而政治的主要功能就是权利的分配，满足各种个体和人群不断扩张的要求。结果，社会不断分化或者说多元化，国家与行政则持续强化，而共同性和公共性逐步被侵蚀。作为社会状态的民主的扩张让作为自治的民主陷入了危机。

曼斯菲尔德谈到，托克维尔没有提及《独立宣言》及其权利宣示，没有对作为自由主义的核心概念的权利进行抽象的理论论述，也没有像社会契约论者那样把权利作为实践的基础，相反他更注重在美国人的政治自由和民情中探究权利如何成为自治的政治行动，如何转化为德性。如果人们追求灵魂的卓越与伟大，那么就必须能够超越对自我的保存和满足的关注。从自我的权利上升到灵魂的德性与伟大，这是托克维尔为自由主义确立的方向。今天的美国民主，或者一般意义上的自由民主，可能尤其需要回到托克维尔那里去诊断其危机并寻找其道路。

目录

致谢

本书由斯坦福大学胡佛研究所“自由社会的美德特别工作组”（Taskforce on the Virtues of a Free Society）资助，我本人在该研究所担任卡罗尔·G. 西蒙讲席高级研究员。应我的老朋友海因里希·迈尔博士之邀，德国慕尼黑的卡尔·弗里德里希·冯·西门子基金会也提供了一笔研究奖金，在 2009 年上半年资助我撰写本书。哈佛大学始终如一地慷慨以待，我自当铭记于心，那里毕竟是我大部分工作与生活的所在地。凯瑟琳·森森对本文内容不留情面的批评实属可贵，我对此充满感激。亡妻德尔巴·温思罗普原本会是本书的合著者，而今却只有对她的思念，陪伴我写作本书的日日夜夜。

引言：新式自由主义者

亚历克西·德·托克维尔是个怎样的人？一位作家，当然，并且格调高雅，但他是以传播知识和真理为己任的非虚构类作家，文笔扣人心弦，才华跃然纸上。一位社会科学家，却没有如今这些繁琐方法、袖手中立和假装客观的桎梏。托克维尔是政治学的拥护者和改革者，他的政治学在某些方面可称之为科学，但他决不允许科学成为实现政治目标的阻碍。历史学家？不错，因为他写到了美国的民主，无论今昔，那里都是民主实践的主要所在；又写及法国的旧制度，他认为那里是民主肇始之处——只不过其形式颇出人意料，是由君主制下的理性主义行政管理着。他的文风并非抽离于具体时空的理论家一路。但他是个寻根问底之人，而非平铺直叙的讲述者，且他选择书写最重要的事件，索性称其为“初始动因”（first causes）。哲学家？这很难说，因为很多将哲学等同于体系的人不以为然，而我却认为实至名归，他实质上更像个哲学家。我们不妨折中地称他为“思想家”，对于一个对哲学存疑的人，这是个相对谨慎的称呼。

伟人？确凿无疑。托克维尔之伟大，不仅因其真知灼见，还因为他在“伟大”一词在民主时代遭到攻击或被蛮横无视之时挺身而出，向人们阐释了何为伟大。托克维尔之伟大，还因为他把民主和自由与伟大联系了起来。

图1　1850年的亚历克西·德·托克维尔。托克维尔出生时，他父亲看了一眼他那表情极其丰富的脸庞，就断定他日后必成伟人

“新式自由主义者”:这是托克维尔的自我定义。如今托克维尔并非以自由主义者著称,他的朋友、撰写过《论自由》一书来解释和鼓吹自由主义原则的约翰·斯图尔特·密尔才是个自由主义者。托克维尔似乎更像个社会学家,注重描述和分析,只是更兼文笔上佳。他的著作处处闪耀着卓见之光,但他的思想从对事实的观察得来,而不是经过系统整理、依序排列的一堆论据。不过我还是应该尽量还原他自我认知的标签,说明**正因为**他并非理论至上(自由主义者一般都喜谈理论),他才无愧于跻身最伟大的自由主义者之列。

如果说托克维尔是个新式自由主义者,也就意味着自由主义本身并非什么新鲜事。“自由主义者”(liberal)一词的确是直到托克维尔生活的时代才开始使用的,但在此之前,17世纪的现代政治理论家们——特别是把人天生自由作为第一前提的托马斯·霍布斯、巴鲁赫·斯宾诺莎和约翰·洛克等人——就已经在自己的学说中为这种自由主义提供了依据。他们的意思是,在人可能具备任何社会或政治品格之先,必须假设人生活在一种抽象的境况(即“自然状态”)中,在那种状态下,人可以自由选择是否赞同其可能加入的社会及其政治。托克维尔并不认为人的初始状态是洛克所说的“绝对自由”,也不认为自由的起源先于政治。他似乎宁愿赞同亚里士多德,这位前现代哲学家说“人天生是政治动物”,意即人的自由必然要到政治,而不是某种先于政治的初始自然状态中去寻找,这恰是上述几位现代理论家反对的。

托克维尔并不是说他赞同亚里士多德的观点。他不赞同亚里士多德所说的哲学是最高级的生活方式。他不与哲学家们争论,也很少提到他们;偶一为之,往往是在贬低他们。在《论美国的民主》中，他所赞扬的那些践行自由的美国人，据称比文明世界其他任何地方的人更"不注重哲学"。在《旧制度与大革命》中，他谴责18世纪启蒙运动时期的哲学家（*philosophes*），或称"文人"（men of letters），都是些毫无政治实践经验、只知对政治胡乱发表意见的空谈家。他在上述两部著作中都未曾提及自由主义的自然状态，在关于美国的书中，也没有就《独立宣言》中有关美国自由主义原则的语句进行任何讨论。托克维尔显然意识到了旧式自由主义的存在，而他的应对之道便是不去理会。

相反，他走向了自己的新式自由主义，主张自由是宗教之友，充满骄傲，同时也为私利所驱使。这种新式自由主义需要"为焕然一新的世界"准备一种"全新的政治学"，它并非托克维尔提出的一套原则体系，与17世纪的自由主义体系分庭抗礼；也不是更加现代的18世纪政治学家孟德斯鸠的政治学，与托克维尔同时代的邦雅曼·贡斯当和弗朗索瓦·基佐等自由主义者，以及此前《联邦论》（*The Federalist*）的诸位美国作者，都将孟德斯鸠奉为圭臬。孟德斯鸠的新政治学是为旧世界撰写的，彼时让世界"焕然一新"的现代民主尚未来临，美国也还没有成立。

托克维尔的政治学体现在他所描绘的自由中，那是在真实的美国社会践行的自由，而不是先于实践的原则。正因为此，他的著作才以证据、观察和实例让读者着迷并深为信服。他的分析往往看似随意发挥，甚至凌杂无序，却并非漫无章法；每个分论点都在为整体讨论提供支持，全貌是逐步呈现的。在本书中，我将探讨他的新式自由主义的五个方面。这五个方面均在某种程度上关乎民主，因为民主就是新世界，在那里，为了生存和繁荣，必须创造自由。

首先是托克维尔本人生活中的民主政治，因为他既是一位作家又是未来的政治家，既是贵族又是自由主义者。其次是他关于美国民主自治的思想，在他的时代，乃至我们的时代，美国一直是民主的大本营。随后是他对于民主的恐惧，这在《论美国的民主》下卷表现得尤其明显。他在那本书中揭露了民主理论引发的风险，它们可能会激怒民主大众，同时使之活力尽失。接下来在《旧制度与大革命》一书中，我们可以看到托克维尔描述了法国君主制借以消解封建贵族统治的理性主义行政管理。他揭示了看似无关的两件事——（人民做主的）民主与（官僚当家的）理性主义行政——之间的联系。最后是托克维尔渴望从民主中看到伟大，如果可以的话。既然蠢笨又倔强、消极又贪婪的庸庸大众也获得了民主的权利，托克维尔就必须教导我们如何让民主摆脱其种种缺陷。他以为，自由的"真正朋友"也应与"人的伟大"相伴相随。

托克维尔为何在今天仍有重要意义？首先，对他的重要性已有广泛共识。如今，我们很难想出任何其他分析美国政治和社会之人享有比他更显要、更广泛的声誉。在他有生之年，以及随后的整个 19 世纪和 20 世纪的大半时间里，他的自由主义看似平凡无益，左右两派的激进批评家都风光无限，令他黯然失色。但当激进右派在第二次世界大战中战败，而激进左派又因暴政的卑劣行径让人倒足了胃口之后，温和的自由主义者便脱颖而出，其中最引人注目的就是托克维尔。在法国，哲学家雷蒙·阿隆和历史学家弗朗索瓦·福雷再度将托克维尔带入了人们的视野；因为他的书，托克维尔在美国一直饱受赞誉，随着美国人重新思考其知识界是否过于倚重马克思和尼采，并重新讨论"美国例外论"（即美国可以成为全体人类的楷模）的本质，他再次受到美国人的青睐。自艾森豪威尔以降，每一位美国总统都曾引用过他的原话(其中不乏穿凿附会者!),学术圈的社会学家和历史学家广泛引述他的辞章,大众历史学家和记者也在很多书籍中提到托克维尔——这样既能添加文采,也显得更有权威。左右两派均对《论美国的民主》充满兴趣,各派自有其偏爱的段落,都渴望借托克维尔的威名为自己营造声势。

然而人们尚未因为托克维尔丰富而深邃的思想而给予他应有的评价。原因之一正是他才华过人,仿佛除辩才之外并无他长,而他对未来的敏锐直觉则让他显得有些怪异离奇。好像某人文笔出色必流于浅薄,预测奇准必是妖人巫士。他文笔的优美多少干扰了人们对其所言进行仔细分析,例如,他曾把美国的总统选举比作风暴过境。智慧遭到低估的另一原因是托克维尔竭力反对民主社会的抽象概括能力。美国的民主主义者乐于概括、普及或维持均衡,以便包含、容忍和赏识。与民主主义者携手并进的美国知识分子也喜欢建章立论,以便普适、精准和摆脱过去。就连我们的历史学家也想要重建历史。托克维尔的自由主义迫使我们思考自身为践行自治实际做了些什么,而不是在我们是否拥有什么权利的抽象层面争论不休。托克维尔早已声驰千里,而我们从他身上学到的还远远不够。

第一章

托克维尔的民主天意

法国大革命之后不久，亚历克西·德·托克维尔出生在诺曼底的一个老式贵族家庭，他生于 1805 年 7 月 29 日，卒于 1859 年 4 月 16 日。他的出身注定他与旧制度脱不了干系，对自由的信仰又令他与新制度难解难分。他经历了民主降临法国的过程，预见其终将走向全世界。他家原本姓克勒雷尔，一位祖上曾在 1066 年与征服者威廉在哈斯丁斯并肩作战。整个家族分阶段获

图 2　诺曼底的托克维尔城堡。托克维尔生前就住在这座家族城堡中，但未留下子嗣继承这座城堡

得了位于诺曼底托克维尔的封地，并在 1661 年以这一地名作为其姓氏。城堡至今仍在，托克维尔兄长的后人仍住在那里。

图 3　1830 年前后，托克维尔的妻子玛丽·莫特利。她是英格兰人，新教徒，出身中产阶级。对一位法国贵族而言，这样的背景并非佳偶，但托克维尔写信给她说："你是世上唯一能洞悉我灵魂深处的人"

亚历克西保留了他的贵族头衔，住在心爱的城堡里，但尽管他花费了大量时间和金钱来照料这座城堡，却未能留下一儿半女来继承它。这是个他并不感到遗憾的意外，他曾说过自己"并没有强烈渴求为人父亲的天降之喜"。这种对于父亲身份的态度掺杂着好几种情绪：既有贵族对平民的轻视，也有对家族未来的民主式的漠不关心，还有哲学家的泰然处之。至于他的婚姻，就没有那么复杂，只是凸显了民主信念。他坦承自己娶了一位身份低微的非贵族英格兰女人（并无视某些家人的期望，非她不娶）。

政治家托克维尔

托克维尔拒用伯爵的头衔，但并不排斥贵族出身的所有好处。他把这些有利条件都用于民主目的，即建设他所谓的民主"新世界"。托克维尔终其一生都是贵族，却一直致力于民主事业，并为此积极参与政治实践。在法国的"旧制度"，也就是贵族政治中，他本可以通过封建世袭制度来获取权力。托克维尔相信，从政就其本身的性质而言就是一种贵族行为，因为治理国家需要为他人负起责任，因而在地位上就要高于大众。他在君主制复辟期间首次从政的经验就带着一点儿特权意味，因为他的父亲埃尔韦曾任地方长官，在地方政事中十分活跃。正是在父亲的建议和影响下，亚历克西在1827年成为一名不受薪的法官助手。在那之后，他不得不参加多少有几分民主色彩的竞选。从这里可以看出他一直秉持的两条原则：在本质上属于贵族行为且起初也一直是贵族行为的政治应当民主化；以及从参政中学习政治，后一条恰是他在美国的民主中看到的独特优点。这两条原则之所以能够汇聚而不冲突，是因为只有当民主主义者尽最大努力争取在政坛上赢得一席之地，而不再听任政职理所当然地落在贵族政体之贵族成员的肩上，政治才能够实现民主化。托克维尔最伟大的远见之一，便是看出这一民主所必需的优点并非民主政体天经地义所固有的，事实上还有可能会受到威胁。

在托克维尔的时代，从政是一项艰巨的任务。法国大革命后，法国的政府一路蹒跚，从 1789 年之前的波旁王朝，即“旧制度”，转变为宪政共和；接下来依次是雅各宾派的恐怖共和；反对雅各宾派的热月政变；拿破仑帝国；波旁王朝复辟；路易–菲利普①的平民君主制；第二共和国，后者又被路易·拿破仑②推翻瓦解，建立了第二帝国。这样的动荡既让矢志从政的野心家屡屡涉险，又令心系政局的观察家痛苦不堪。对于像托克维尔这样的作家和思想家来说，这可算是最现成的理由，他完全可以借此告别政坛、遁世幽居，有足够的闲暇思考，以文章来施展其绝世才情。但终其一生，托克维尔对法国的一片赤诚从未动摇，他绝不放过任何一个参政的机会，纵使如此会妨碍他著书立说；1837 年，他本可以撰写《论美国的民主》第二卷，却在路易–菲利普政权的众议院参加竞选。那时他身为贵族在自己的领地参选，但第一次仍然失败了；1839 年他带着民主的决心再度果断参选并

---

① 路易–菲利普（1773—1850），1830—1848 年间为法国国王。1830 年，查理十世试图推行镇压法令，触发 1830 年的法国七月革命。7 月 31 日，立法议会选举路易—菲利普为王国摄政。两天后查理退位，8 月 9 日，路易—菲利普加冕为法国国王。

② 路易·拿破仑（1808—1873），全名为夏尔·路易·拿破仑·波拿巴，又称为拿破仑三世，法兰西第二共和国第一任总统，法兰西第二帝国唯一一位皇帝，也是拿破仑一世的侄子和继承人。

取得了胜利，随后又连任了两届。1848年，路易-菲利普的君主政体垮台之后，托克维尔被选入旨在建立第二共和国的制宪议会，参与制定宪法。后来他又入选了根据该宪法成立的新议会，在外交部部长任上履职五个月，直到新总统路易·拿破仑解散了内阁。1851年12月，路易·拿破仑发动政变，结束了共和政体，托克维尔这才彻底告别政坛，于他而言，如果说此前参政是遵循道义，那么继续置身其中就是不讲原则了。他最后的政治经历是被路易·拿破仑当作抗议代表，关了两天班房。

究竟是什么让这位天生的作家投入到连他本人都怀疑能否成功的民主政治呢？在托克维尔看来，如果没有政治自由，就不可能有充分的写作和出版自由。他希望通过担任政职来亲身感受那种自由，而不满足于做一个旁观者。像理论家那样超然世外根本无法深入了解事物。哲学传统声称人可以通过冥想获得灵魂的满足与平和，他认为那是不可能的。他认为，人的灵魂，尤其是他自己的灵魂，是“桀骜难驯、贪得无厌”的。他鄙视“世间一切的善”，又须诉诸那些善，来逃避灵魂在试图自省时所感受到的那种“可悲的麻木”。首善当属名誉，这是他的“天然品位”，有了它方能成就“伟大的行动和伟大的美德”；所有其他的善均等而下之，不过是获得名誉的诸般手段而已。托克维尔有意、故意、刻意地希望并竭力使自己的生活与众不同，他不屑于沽名钓誉，又渴望能名满天下。

看来根据托克维尔的理解，要想声名显赫名垂千古，本质上定须参政——治国，而不能仅靠彰显自己的文学天分和智慧来获得大众的肯定。然而他又认为自己“是个更杰出的思想家而非行动者”，且这个看法显然是正确的。作为政治家，他缺乏平易近人的品质，他对此也了然于心。他（在其《回忆录》中私下）

承认自己不得不在国民议会与庸众打交道，却几乎记不住他们的姓名和模样："他们使我感到非常厌烦。"他还说过，写作是一种行动，是一种参政方式。看来托克维尔认为政治自由有两个分支——担任政职和写作，伟大之人当二者兼备。

对哲学家，或者说对大多数哲学家而言，人伟大与否只是件小事，那不过是人的自我膨胀，与永恒相比，注定将黯然失色。托克维尔却不以为然。"我的想象，"他在一封信中写道，"可以轻而易举地攀上人之伟大的巅峰。"他并非自诩为另一个亚历山大大帝，而是不满足于自己曾孜孜以求的世俗名誉，却又不敢肯定上帝保证了人类也一样可以伟大。他的灵魂桀骜难驯，藐视世俗自是贵族的傲慢，但同时也有承担政治角色的民主责任，毕竟在民主制度下，贵族阶层已经无力担此大任了。

作家托克维尔

虽败犹荣是政治家托克维尔的最佳结局，他的余生则必须被视为他作家生涯的波澜起伏。的确，他最精彩的政治经历不过是观察并记录了法国大革命后接踵而至、分别发生在 1830 年和 1848 年的两次革命。1830 年，他作为一名法官，必须决定是否应向奥尔良王朝的新国王宣誓效忠，抛弃正统的波旁王朝后嗣——他正是这样做的。1848 年 1 月，他发表了一次演说，提醒政府注意即将发生的革命，但即使身为下议院成员，他所能做的也只是提醒而已；他被迫眼看着第二共和国诞生而无能为力，只能对其社会主义前景抱着深深的担忧。1850 年，就在患上了最终令其撒手人寰的肺结核时，他写下了关于那次革命的《回忆录》；他说那不过是"白日做梦"，本是写给朋友看的，最终或许能够出版（结果直到 1893 年才得以面世）。彼时民主革命就在附近如火如荼地进行，那是他倾注一生心血的研究课题，而他所能做的不过是观察和写作。但他所做的产生了深远的影响。

托克维尔的启蒙恩师是勒叙厄尔神父，此人也曾是他父亲的私人教师。除老式的宗教训导外，勒叙厄尔在其他方面对他

图 4　1822 年，十六七岁的托克维尔坐在书桌前，站在桌旁的是他的父亲埃尔韦·德·托克维尔

溺爱有加，两人遂成为密友。托克维尔16岁时，还在梅斯[①]的地方长官任上的父亲把他送到一所学校去学习修辞学和哲学。据托克维尔后来回忆，他就是在那时走进父亲的书房，阅读了一些哲学书籍，在他心里引发了一场“地震”，一种“普遍的怀疑”穿透了他原本充满虔诚信仰的灵魂。他后来一生都在与这种怀疑搏斗，它不仅动摇了他对上帝的信仰，也摧毁了他为自己的信仰和行为所构建的“全部真理”的“理智世界”。

托克维尔的父亲无视儿子灵魂中的这场地震，送他去巴黎学法律，从1823到1826年，他都在学法律。两年后，他选修了后来出任法国总理的弗朗索瓦·基佐的课程，所做的笔记显示，基佐关于人类历史或称“文明”的思想让他颇有感触。在当时的一封信中，他曾提到基佐的思想和著述都“非同凡响”。基佐和邦雅曼·贡斯当二人都是法国19世纪初期伟大的自由主义者，人们常常把托克维尔与他们相提并论。但与托克维尔颇不相同的是，这两位认为，自由主义可以抑制民主而无须与其妥协。无论托克维尔从他们那里学到了什么，都没有让他得出这一主要结论。不过这倒是他在课堂上接触同时代最前卫的自由主义思想的一段插曲。

然而，托克维尔的教育大多还是靠自行阅读当时的历史学家和政治哲学的经典著作。他偏爱法语作品：“我每天都要和三个人相处一会儿。”他在1836年这样说道——他们是帕斯卡、孟德斯鸠和卢梭。但除了阅读那些作者的著作之外，他还与朋友们频繁通信，在启发朋友的过程中自我教育。这些朋友包括文人学者让—雅克·安培、社会理论家阿瑟·德·戈比诺、英国经

① 法国东北部洛林地区的首府，位于洛林大区摩泽尔省。

济学家纳索·西尼尔、政治家皮埃尔-保罗·鲁瓦耶-科拉尔,他的挚友弗朗西斯克·德·科尔塞勒、索菲·斯韦特切尼夫人、阿道夫·德·西尔库尔、欧仁·施托费尔斯,以及他自幼便结识的好友路易·德·凯尔戈莱。

托克维尔与居斯塔夫·德·博蒙的友谊尤其值得一提。他给博蒙写过的书信集结起来长达三卷,也正是与博蒙同行的为时九个月的美国之旅(1831—1832),让他写下了《论美国的民主》。他们曾一起学习法律,在同一个法院担任法官,还在那次著名的旅行之前,一同选修了基佐的课。他们想去美国看看"伟大的共和国是什么样子"——托克维尔在一封信中这样写道,显然在行前,他们关于此行的模糊想法是两人联合起来做些什么。他们更明确的计划是要写一本关于美国刑罚改革的专著。虽然(托克维尔曾私下里对凯尔戈莱透露)那只是个"托辞",但两人在从美国返回一年之后,的确就此专题出版了一本著作(即《合众国的监狱制度及其在法国的应用》)。他们在这本书中对改革赞勉有加,又批评了改革者的过高期许,这多少可算是典型的托克维尔式自由主义。

托克维尔和博蒙游历了当时的大部分美国领土。他们从纽约出发,向北穿过布法罗抵达五大湖地区,如此就到达了当时的边境密歇根州和威斯康星州。所谓"边境"是指大自然与文明的分界线,托克维尔在"蒸汽船上"写作,寥寥数笔就精妙地描画出大自然的静谧,并就文明展开了不同层面的讨论;他比较了美国人与英、法两国人,将印第安人看作身处化外且对文明怀有敌意的人。于此完成的《在野外的两周》(1831,托克维尔时年26岁)一书是为出版而作,但直到他去世后才得以面世。

托克维尔和博蒙两人在旅行期间都坚持写日记,虽然托克维尔的日记以《美国游记》之名出版，但这本书和《在野外的两周》一样，不过是些彼此无关的、为后期著作而记录的笔记，缺乏编排。从旅行中的某一时刻起，两人合写一部关于美国这个伟大共和国的著作的计划变成了托克维尔一个人的事，人们不禁猜测这可能自始至终都是他的意图。他们考察了边境（他们认为那不过是一条暂时的边境线，不延伸到太平洋决不罢休）之后就去了加拿大，然后南下到波士顿、费城和巴尔的摩，随后又向西去了匹兹堡，向南到访了纳什维尔、孟斐斯和新奥尔良，从那里穿过佐治亚州和南北卡罗来纳两州，到达华盛顿，最后回到纽约并启程返回法国。他们一路乘坐蒸汽船前行，每到一处便找一座小木屋住下。他们与安德鲁·杰克逊总统有过短暂会面，并与很多美国人展开长谈，其中既有名人，也有不那么出名的普通人。托克维尔的调研方法是提出适合受访人回答的问题，倾听、探究，寻找真相和见解，而不是像现代社会学家那样，就人们对同一套问题的回答进行统计。

《论美国的民主》上、下卷分别于 1835 和 1840 年出版面世，其间相隔五年。上卷更多谈及美国及其优缺点，出版后即引起了巨大轰动，而下卷对于民主的实测分析和对其未来的预言却反应寥寥。夏多布里昂和圣伯夫等伟大的法国作家对本书上卷大加赞扬，使得托克维尔声名大震，誉播遐迩。1838 年，他当选为法兰西人文院[①]院士；1841 年，他年仅 36 岁即被选为法兰西学术院[②]院士，那是他主要的社交场所，特别是在政治生涯结束

① 全称为道德与政治科学学术院，是法兰西学会下属的五个学术院之一。

② 同是法兰西学会下属的五个学术院之一，是五个学术院中历史最悠久、名气最大的权威学术机构，当选法兰西学术院院士是极高的荣誉。

后，路易・拿破仑当权的那段时期。1852 年，他在法兰西人文院开办了一场关于政治学的讲座，把该学科与“治理之术”区分开来，因为政治学的重点在于思想的逻辑，而不是治理所必需的那一套枯燥说辞。但托克维尔的政治学是对那些枯燥说辞加以提炼来建立其逻辑的，而不是像自由主义理论家那样一味地反对和驳斥它们。

美国并不是托克维尔唯一的旅行目的地。1827 年，他曾在西西里旅行，随后撰写了他的第一部作品。美国之行后，他在 1833 年去了英格兰，1835 年再次到访英格兰和爱尔兰；怀着对自己在美国见到的政府行政分权的充分兴趣，他渴望在这个欧洲最自由的国家看到民主的进步，还试图研究英国与法国贵族政治的差异。他还曾去过瑞士（1836）和阿尔及利亚（1841 和 1846）。他撰写了关于贫困（《济贫报告》，1835）、奴隶制和殖民地的报告。1850 年退出政坛后，他着手撰写关于法国大革命的著作，这是他多年深思熟虑的主题。他在有生之年未能完成整个计划，但在 1856 年发表了第一部分——《旧制度与大革命》。这将会是一部“伟大的作品”，他在致凯尔戈莱的信中写道，是一部“哲学史与历史适时展开对话的综合体”，将为“我们的现代社会”及其可能的未来提供一个广义的判断。他声称自己“除追求自由和人的尊严之外绝无其他动机”。他远离政坛却并未弃绝政治，既是研究历史也在教授哲学。

第二章

托克维尔对民主的赞美

托克维尔并非靠赞美民主起家，也从未把民主捧到天上。只有在描述民主实践时，他才会给予赞扬。他在《论美国的民主》的开篇指明，民主是一个事实，是“天意使然”，如此就从民主的倡导者和反对者（因为在他的时代，仍有反对者存在）的立场中抽身出来。他说，民主在各地蔓延，并在美国取得成果。它无须倡导，也无法反对。托克维尔认为，倡导与反对双方均害多益少，尤其是倡导者，因为他们与民主时代更加和谐，因而比反对派更有诱惑力。我们首先必须分析和评价民主的优势与劣势，以肯定前者、消解后者为目的来赞美才有意义。托克维尔赞美民主，但并不认定它是好的或唯一合法的政治体制。

民主的形象

民主是什么？根据托克维尔的定义，它首先是身份平等，是一种生活方式；只有在谈到清教徒时，他才开始将民主描述为一种政府体制。如果民主不意味着自治，它作为一种生活方式并不那么值得赞美。我们或许会反对托克维尔的民主即身份平等的定义，因为即便到今天——更不要说在他的时代了——民主中仍然存在着明显的不平等。对此他的回应大概是，人们会变得越来越平等，民主的本质正是日益民主，就像平等本身就是唯一永续的目标，即便这是一个永远无法实现的目标。他注意到民主制与贵族制之间、个人的成败兴衰与阶级的森严等级之间的反差。在引介民主时，他称其为已经延续七百年之久的大趋势，始自教堂神职人员的地位向大众开放，而不再是贵族的特权——如今，这种隐秘的趋势在美国暴露于“光天化日之下”，托克维尔正是去那个国家寻找“民主本身的形象”。

然而与自由主义理论家不同，他没有阐明这一形象的逻辑，尽管他说会探索其“理论性的结论”。他致力于研究真正的民主实践的“起源”，即清教徒来到美国。清教徒自称朝圣者，因为他们来美国是代表着一种思想，而不是为了金钱或冒险；虽然这种思想基本上是关乎宗教的，但也是一种民主的政治理论，主张人民当家做主，管理整个社会，规范社会民情，建立公共教育。民主不仅表现为平等，还表现为以自治来支配民主社会或“社会现状”（social state）。这个起源就是某种形式的社会，它是民主制而非贵族制的，不是自由主义理论中的自然状态，在那种状态中只有个人，社会根本尚未存在。

民主是一种特定的社会现状，它并非十分友善。美国的一个例子就是继承法从长子继承改变为平等继承或选择继承。长子继承的初衷是为了保持贵族地产的完整并培养整个家族对祖先的自豪感，而平等继承将个体的自私从家族纽带的樊笼中释放出来，诱使人们展望未来而非缅怀过去。平等渗透到整个社会中，有时，它是一种争创卓越的激情，把卑微的人抬升到伟大的层面——托克维尔称之为“果敢而正当的追求”；有时，它是一种嫉妒的低级趣味，怂恿弱者把强者拉低到自己的水平。霍布斯和洛克等人认为自然状态可以产生民主，托克维尔的观点与之相反，他认为民主可以催生某种自然状态，个体之间无须彼此冲突，但也并非密不可分。

民主的个体是怎样变得强大而非弱小的？托克维尔没有说他们非此即彼。他关于独立于政治的“社会现状”的概念听上去像是社会学，一门在他的时代才刚刚开始发轫的科学。但与今日的社会学家及其他社会科学家截然相反，他并不认为社会特征决定了政治，因为如果这样想，就忽视了政治对社会的重要性，他以继承法为例所阐释的恰是这一重要性。法律是来自社会现状，还是决定了社会现状？托克维尔给出了模棱两可的答案，因为他说，社会现状**既是**事实或法律的产物，**又是**大多数社会行为的基本原因。政治自由的重要性就显得不那么稳如泰山了：如果政治只是某种社会现状的结果，无法决定重要问题，那么要政治自由还有何用？因此，虽然他说社会现状可以被认为是民主生活方式的基本原因，他还是继而谈到了人民主权——暗示由谁当家做主事关重大，同时又给人留下了这样的印象，即民主既是自治，同时也由其社会现状所决定。

托克维尔甚至得出了这样的结论：“人民统治着美国的政治世界，犹如上帝统治着宇宙。”凡事“皆出自人民，并归于人民”。但如果说美国人民像上帝，他们似乎就要取代上帝、自己当家做主了。人，而非上帝，才有至高无上的权力，这是清教徒思想中一处明显的改变，他称其为“起源”。清教徒的民主是一种神权政体，如果托克维尔心向往之的是那种思想，他就不会是个自由主义者了。政治自由为民主政治设限，防止国家对民情进行严格管制（也就是我们如今所谓“清教徒式”的管制），因为它希望民主的个体是自由的。托克维尔一贯支持政教分离的原则。但他赞同由清教徒带到美国的民主政治，因为人只有参与管理才能获得自由。他在人与上帝之间进行的这种平衡难免令人困惑，但他以此证明自由既受益于宗教，又遭到宗教的破坏。

乡镇

自由的个体本身是弱小的，托克维尔必须解释他们如何变得强大，以致民主的平等最终能够强化个体的力量而不是怂恿他们相互嫉妒。结社便能使个体强大——这是托克维尔通过讨论新英格兰乡镇而探究的关键主题。在贵族制中，个体的阶层固化在他们依赖的阶层和依赖他们的阶层之间。他们勉强可算作"个体"，社团是他们被动接受的。但在民主制中，人们没有——或被剥夺了——彼此间的联系，必须自行结社。为达到这一目的，他们天然地倾向于自由结社，这种天性仅次于追求私利——这种观点与认为个体之间始终对立冲突的"自然状态"再次形成了鲜明的对比。

乡镇既自然又脆弱。它"如此自然，以至于只要有人聚集，就会自然而然地形成乡镇"，然而在文明国家中，乡镇只见于美国。原因是乡镇政府就像一个自由的"小学校"，既幼稚又笨拙，上级主管部门总是蠢蠢欲动想干涉纠正。只有美国拥有智慧，或者如智慧的托克维尔所说，只有美国走运，能让乡镇保持原样。托克维尔称之为一种政府**体制**，因为它井然有序，广开视听；这种政体既非不可告人，也非暗箱操作，而是光明正大的。乡镇当然得到了各州政府的授权（托克维尔接下来就要谈到州政府了），但他在分析民主之始，先将其视为一种自下而上的政府体制，底层的民主最是自发的。

人民主权的教条称每一个个体的"文化修养、道德境界和个人能力"都与其他人相当。然而个体想要完成任何超出其个人力量所及之事，就必须和他人结社；并且如果要结社，就必须服从于社团的负责人。托克维尔使用了英语的“市政委员”（selectmen）一词指代那些管理乡镇的人；如果用法语，他也许会称呼他们“精英”（*elite*）。既然每一个个体都被宣称在能力上与其他任何人相当，那他为何还要服从？个体并不是因为身处下级而服从，而是因为有用才服从的。个体为了完成某件个人力所不及的事而屈尊，比如修路。并且他最终依然享有尊严：一种在达成目标的同时还伴随着社交之乐的尊严。像在小学里一样，他了解到自己完全可以在服从的同时仍然享有自由。在《论美国的民主》的绪论中，托克维尔说欧洲的民主已经“陷入自身的盲目本能中”；而在美国的乡镇，民主享有欧洲所没有的合法性，日益发展壮大。

美国在乡镇中自学了如何生活在自由之中，托克维尔也用自己的分析让我们了解到美国正在进行的实践。他承认，在美国乡镇政府并非随处可见，他也无疑夸大了它的优点，力图用赞美的语言大力推广这些优点。如果人民主权像法国一样是自上而下，而非自下而上的，就会强加于人而令人浑然不觉。乡镇政府有很多民选公职，满足了很多人小小的野心，也让公民对自己的政府有了归属感。它让民众逐渐习惯于这种政府体制，“若没有这种体制，自由就只能依靠革命实现”。民主通过选举而茁壮成长，并且托克维尔还说，美国并非因为繁荣而有了选举，而是因为选举才走向繁荣。

美国人学习自治的另一种形式是陪审团，“它是一所总是敞开大门的免费学校，每一位陪审员都在这里学习运用自己的权利”。在英国，由贵族成员组成的陪审团是一个贵族机构，但它在美国却实现了民主化。美国的陪审团教育公民如何裁决，即如何执行民主立法机构渴望通过的一般法律，特别是在某些需要对公平做出调整的情况下。它教育“每个人都要敢于为自己的行为负责”——他说这是一个有男子汉气魄的政治美德。托克维尔赋予陪审团以巨大的力量。它是“让人民实施统治的最有力的手段”——也许托克维尔这是有意夸张，为的是配合其假借赞扬而提出建议或敦促的策略。让人民实施统治“也是教会他们如何统治的最有效的手段”。在美国，自由的人民边干边学，而不是在行动之前先去请教某种理论。

总之，裁决节制了人民主权，向他们表明了其主权的局限性，主权必须通过法律来表达，并且就算是好的法律，在执行时也可能过于严苛。与此同时，美国诸州的法官选举表明，在选举中，人民通常拥有免职的专断权力，这类权力有时既没有充分的理由，也无法补救。无论人民主权如何受到控制和削弱，它仍有非理性的一面。人民主权最终或许未必比君王主权更加理性；二者都会心血来潮、反复无常。自由无法全然合理，自由公民看到自己的党派和候选人失败时，必须学会平静地接受人民的决定。

鉴于乡镇和陪审团的政治优势，托克维尔就政府集权问题做出了区分，他的观点至今仍被广泛引用。如果政府能综合各方的共同利益，政府集权没有什么不好，但服务型政府的行政集权会削弱服从政府的人民的力量，因为要求统一会摧毁人民的“市镇精神”，即自治实践与抵御外敌相结合，这种市镇精神体现在本地人建立乡镇和陪审团的自由中。他承认行政集权可能更高效，但它会变本加厉、日益臃肿，越来越有攻击性；在从人民手中拿走行政权时，无视其所造成的伤害；拒绝人民的自由合作，把权力保留给在中心指挥一切的官僚。法国就是这种错误的典型，因为像枢机主教黎塞留和马扎然这类大臣主导的君主制政府树立了一个坏榜样，随即被法国大革命效仿。而美国的联邦制度让地方行政得以保持，并仿效英国行政分权的好榜样——英国是由贵族制转变成当前制度并民主化的另一个实例。

美国联邦制度的体系是依照宪法建立的联合体，托克维尔的目光从乡镇和单个州转向了这个联合体；他把乡镇描述为自然和自发的形式，州在他的笔下也是自然的，像父权一样自然，而联邦则被他比喻为“艺术品”。他对 1787—1789 年制宪建国高唱颂歌，称赞美国人是“伟大的民族，当立法者提醒他们”存在危机时，仍然能够用两年的时间反躬自省，深入探查故障，从容不迫地找到了解救之法，并“不流一滴泪、不流一滴血”地服从它。这样的成就是“社会历史上的一件新事”。遵照人民主权的原则，托克维尔首先将功劳归于美国人民，随后又赞美了带头前进的美国建国者和联邦党人。他称他们是“新大陆史上最聪明、最高尚的人物”。他似乎是在暗示，主权的最佳体现有时并非魄力，而是耐心，以及对高尚德行的尊重。

社团与私利

托克维尔称其为“社团”的组织，也就是如今的社会学家所谓的“群体”。“社团”这个词暗含的意味是，社会是由个体与他人结合（法语动词为反身动词）所产生的。结社是人类的天性，其天然性仅次于个体的自主行动。但在民主制度中，所有的人都是平等的，因而彼此独立；这样一来，对平等的追求往往会让公民变成独立的个体。社团必须努力才能结成，而非理所当然。托克维尔把两人以上的几乎所有群体都叫作社团：从婚姻（“配偶社团”）、私人俱乐部、联营商号到政党、乡镇、国家乃至整个人类。这就是托克维尔的自由主义的另一个与众不同之处。更典型的自由主义者约翰·斯图尔特·密尔竭尽所能地捍卫不屈从于多数意见的个性的价值，而托克维尔却不惜笔墨地讨论起结社对自由社会的益处。他不像密尔那样坚信个体可以学会与大多数抗衡，也希望能够说服大多数人了解，他们没必要刻意追求统一。

他考察的第一种社团便是政治社团，在《论美国的民主》下卷中，他又对政治和公民社团加以区分。两者均是他称之为"公民社会"的非正式联盟，如今这个词被广泛使用，指代国家与个体之间的领域。但托克维尔也用它来指代乡镇和其他政府体制。结社具有——或者往往具有——政治性，是一种政治自由行为。托克维尔说，公民社团是一种代表共同利益的团体，而政治社团是利害相异者组成的团体；但他似乎并没有立定心意恪守这一区分，因为他所举的最主要的例子，19 世纪美国的节制会[①]，一会儿被他叫作公民社团，一会儿又被叫作政治社团。在当今的美国，诸如全国步枪协会或美国退休人士协会这类社团都是由代表共同利益的人组成的，但显然也颇具政治性。

政治和公民社团之间区别不大的原因在于，美国人是在政治结社中学习如何结社的。托克维尔说人民可以自我教育，第一次是在讨论乡镇和陪审团时，第二次就是在笼统地讨论社团时：社团应该被视为"免费的大学校，所有公民都可以到这所大学校里来学习结社的一般理论"。那么这里的"一般理论"是指什么？托克维尔没有给出定义，不过他的确提到了结社艺术和结社科学，那大概是人类行为和认识相结合的产物，在这种结合

① 又称"美国促进节制会"，是 1826 年成立于波士顿的一个社团，其宗旨是戒除饮用蒸馏酒，五年间在美国发展了 2220 个分部，拥有 17 万会员。

方式下，理论最终源自结社实践。

这是人民可以学习的理论。结社是一种免费教育，因为它相对容易，不会让民主公民产生非理性的期望，他们毕竟只是凡俗之人。美国人希望把自己摆在第一位，且不认为人应该无私。托克维尔有一个著名的表述来总结美国人（或英裔美国人）的教条："不言而喻的私利"——意指人必须首先考虑自我利益。托克维尔没有说这是他本人的教条，而是说美国人赞成此说。

在提到美国人对私利的依赖时，托克维尔的观点与现今关于民主参与的讨论不同，后者有时被称为"公有社会论"。公有社会论反对私利；它崇尚利他无私，追求与自私或市场取向完全相反的公共利益。在托克维尔看来，代表着群体的意见来自个人的私利且有利于私利，而不是无私的、与私利相抵触的。如今还有另一种说法，认为社会只有一种，那就是民主的社会，即平等公民建立起来的社会，类似于"民主参与"这个短语的意涵；但公有社会论认为贵族的社会也是存在的，其中的个体存在于一个等级框架中。而民主社会，正如我们在乡镇中看到的，尽管建立在平等个体的基础之上，却也利用了不平等的个体的才能和野心。

当然，这在很大程度上取决于以上表述中"不言而喻"（*bien entendu*）的部分包含些什么。这一短语有时被译作"正确理解"，说得好像与个体不直接相关的利益也能被正确地理解为私利似的。要么就是我们最好认为"不言而喻"的私利需要与看似无关个人利益的事物——如荣誉和美德——相伴相随？

问题源自关于民主制度中"形式的必要性"的讨论，这是贯穿全书的一个主题。托克维尔在书末总结中指出，民主主义者"不容易理解形式的功用；对形式抱有一种本能的蔑视"。形式和规程是对他人表示尊重，以及与非亲非友之人共同行动所需的制度（包括规则和官员）、民情（典礼、仪式、礼节和“盛装打扮”）或法律义务（如正当的法律程序）。对民主主义者而言，这些往往仅属技术问题，是延迟或阻碍其迅速实现欲望的不便。在民主制度中，它们显得过于繁琐而非理性，“拘于礼节”就表示一个人想要自己看起来不同于其本来面目。但在托克维尔看来，这恰恰是它们的优点。

形式在人与人之间设置了屏障，就像公职部门在政府与人民之间制造了不平等一样。当程序要求特定的仪式或教养时，这些机构就在人和他们的欲望之间设置了障碍。在推动政府通过法律而不是颁布命令或冲动行事时，它们要求政府遵照正当的法律程序。要求对隐私或尊严予以尊重时，它们会让人们彼此保持距离。民主的人民蔑视形式，是因为他们希望径直到达其欲望的目标，偏爱行动而非尊严，偏爱真诚而非礼貌，偏爱结果而非正确性；总之，他们认为实质重于形式。这样的人民因为具有平等的特性自然会缺乏耐心，平等让他们不必再“循规蹈矩”或取悦那些比自己位高权重的人。私利的本义符合这一性情，因为按照今天的实用主义说法，它要求唯利是图，而无须践律蹈礼。但事实上，正是不太注重形式的民主的人民才更需要形式。托克维尔说，形式的主要优点是在强者和弱者之间，特别是在政府与被统治者之间设立一道屏障，迫使前者减速，让后者有时间做出反应。托克维尔的观点与他笔下的美国人相反，他认为不言而喻的私利就是生活在这样一个社会里：个体因受阻而无法直接攫取私利，而被迫以遵规守法的、依照传统的、尊重他人的或符合程序的手段来达到其目的。

因此，私利既因社团的实用性而向其提供支持，也会在其变成麻烦时破坏它们。结社便利的另一面，就是人们很容易忽视或解散它们。所以托克维尔强调，在美国，政治活动的喧嚣与骚动“此起彼伏”，他说如果不是实地亲眼所见，则根本无法理解这一点。结社行为特别是指为了某种新思想或道德目的而结社，在美国，自由的习惯根深蒂固，更甚于对自由的热爱。民主较之专制的真正优势，存在于社团动荡不息的行动和活力之中。

“不言而喻”的私利的另一方面则是美国人的民主民情（*moeurs*）。托克维尔认为，在经济活动中算计一己私利是理所当然的，但他认为还需要考虑维持社会运转的实践经验、习惯和见解，也就是民情。他说，他对民情极其重视，如果读者未能感受到这一点，就是没有抓住他在撰写此书时向自己提出的“首要目标”。托克维尔那两位 18 世纪的导师，孟德斯鸠和卢梭，都曾在自己的政治哲学中强调民情，而民情也在 19 世纪社会学的兴起中发挥了作用。古典政治哲学家会提到广义的法律（*nomos*），包括成文和不成文的法律，但托克维尔认可自由主义对于此两者的区别。在霍布斯和洛克的自由主义理论中，这一区别的目的在于提升由某个最高主权者制定的、源自人民之许可的法律的地位，使之高于可能会妨碍主权者决定的民俗。但本着政治自由之宗旨，托克维尔希望在民主国家那些主权者的决定能够被大面积分散而不是过分妨碍。托克维尔与最初的自由主义理论还有一个分歧就是，他认为民情高于法律，因为民情维系着法律。法律有时会改变民情，比如新的继承法促进了美国家庭的民主化，但民情，“心灵的习惯”以及头脑的习惯，构成了“一个民族完整的道德和精神面貌”。

因此，民情包括宗教。在美国人“不言而喻的私利”的信条中，宗教是不是一个因素？答案是肯定的，但个中关系错综复

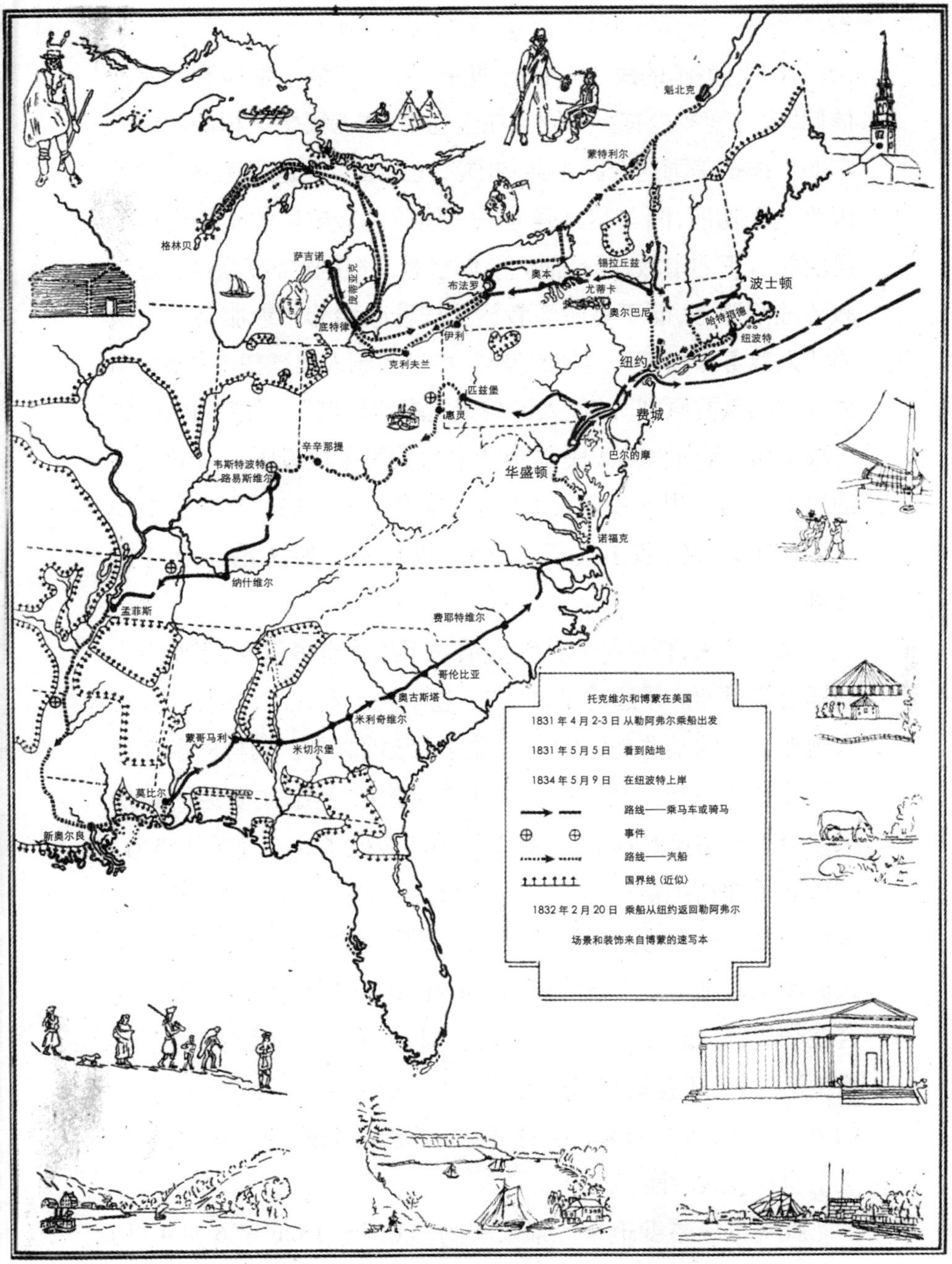

图 5 1831—1832 年，托克维尔和博蒙的美国之旅。他们开始这次为时 9 个月的旅行时，托克维尔只有 25 岁

杂。在《论美国的民主》上、下两卷中，托克维尔都谈到了宗教信仰，但态度多少有些不同。在上卷中，作为民情之根源的宗教有助于维护美国这个民主共和国。托克维尔在这里考察宗教是因为这个功能，而非其真确性——他还说最要紧的不是全体公民信仰真正的宗教，而是他们信仰宗教。根据这种政治观点，宗教为政治服务，而不是像清教徒那样让政治为宗教服务。宗教迫使人尊重那些不可逾越的障碍，接受遏制人类欲望的“某些事先规定的重要原则”，“使人世与天堂融洽和谐”。宗教为人类的主权设限，因而也就为民主制度中的人民主权设限。宗教大多通过女人而非男人设限，因为民主制度下男人的致富欲望很少受限，但女人创造了民情，宗教“像君主一般统治了女人的灵魂”。

如此一来，托克维尔认为民情之于政治有多重要，于女人也同样有多重要。矛盾的是，他在下卷中关于女人的讨论认为，女人施加影响的条件是她们自己置身于政治之外。同样的条件也适用于神职人员。托克维尔坚决支持政教分离，主要原因是如果宗教干预俗世的政治，它就无暇关注彼世了。为确保其势力，宗教必须保持纯洁——而且远离政治时，它反而会拥有最大的政治力量——因为这样能够培养抑制政治的力量。女人和神职人员都是通过不直接行使权力而间接拥有权力的。宗教和家庭合在一起，构成了政治不可或缺的非政治补充，提醒人们除了政治生活之外，还有更高尚也更关乎个人的生活，从而对政治予以约束。然而，宗教和家庭两者都是自治所必需的，因而在某种意义上也具有政治性。

托马斯·杰斐逊平生最后一封信（写于 1826 年 6 月 4 日）写到了他执笔的《独立宣言》，在信中，他毫不犹豫地抨击了“僧侣的无知和迷信”,称之为启蒙运动的敌人。在托克维尔看来,专制的运作无须宗教信仰,但自由做不到这一点。虽然美国人不允许宗教直接混入政府,他说,仍然应将宗教视为“他们首要的政治体制”,与其说它让美国人偏爱自由,倒不如说方便他们享用了自由。他们在头脑中“完全混淆了基督教信仰和自由”——得出这个结论让托克维尔避开了对美国基督徒的虔诚程度做出评判。美国人认为宗教是有用的,但似乎只有在他们因其正确而信仰之,而非作为一种政治体制存在时,它才是有用的。宗教不会像私利那样让众人“心照不宣”,毕竟美国人不是为证明虔诚信仰是善行而以旁观者的视角去审视宗教,那就不虔诚了。

在这一语境中,托克维尔没有提及杰斐逊,而对那些谴责美国人的法国人展开了抨击,后者谴责美国人像无神论哲学家斯宾诺莎一样,不相信永恒世界。在《论美国的民主》的绪论中,他将那些把宗教和自由严重对立起来的团体归为欧洲的“精神泥沼”,显然,宗教和自由的结合便是托克维尔新政治学的首要原则,也是其新的自由主义的显著特点。

清教徒从英国带来的宗教是民主和拥护共和的,但宗教从总体而言仍是“贵族时代留下的最珍贵的遗产”。托克维尔逐一提醒我们注意,美国的民主有很多贵族特质。虽然无一遗漏,但他从未把它们累积相加——也许是因为累积的总和会令其贵族特质过于明显。在托克维尔看来,贵族制和民主制是历史上相继出现的两个时代,而且贵族制作为一种原则,总的来说已经谢幕,永远消失了。但如果说贵族制已然退出了历史舞台,它就不再对民主构成威胁。托克维尔可以帮助我们了解其优点和魅力,无须担心这样做会给人留下为其辩护的印象。他从不曾试图将贵族制和民主制混合起来，并公开声称混合政体纯粹是“不切实际的幻想”，因为在每个社会，我们最终都能发现“一个占据主导地位的行动理念”。托克维尔反对混合政体的立场表明，他抛弃了古典政治学的主要策略，也对自由主义的多元论提出了质疑。但他仍然认为，只要民主制度原则没有受到挑战，就可以在其中夹杂一些残留的贵族特征。

民主制和贵族制是两个独立的整体，是两种不同的生活方式，各自都必须保持自身的纯粹性，因而构成了“两个截然不同的个体”——托克维尔在《论美国的民主》结尾如此声称。但他希望在不伤及人民主权的民主原则的前提下，调和民主个体的绝对和盲目偏袒的特质。至于哪些民主社会的民情和制度据称源自贵族制或具有后者的特征，他留给读者自己去总结。除宗教外，他还提到陪审团，它也曾经是一项贵族制度，那时的裁决者是贵族同僚，但它如今已经民主化了。美国对于本地自治、言论自由和出版自由的热爱都来自贵族制的英国。民主社团是人为创造出来替代“贵族人士”的影响力的，热衷于秩序和法律程序的律师在民主的美国当算是保守的贵族制度。托克维尔反复提出“次级权力”（secondary powers）可以作为民主集权的解决之道，这也是贵族制的天然产物，他赞美的民主形式也是如此：虽然美国宪法是由联邦党制定的，事实上它却是受到了“贵族热情”的启发。

如此一一列举，最引人注目的当属托克维尔将权利的来源也归功于英国的土地贵族制度。他说，从英国带来的关于权利的思想并非源自约翰·洛克（他的名字并未出现在此书中）的政治哲学，而是源自反对国王的英国贵族成员们的实践，他们力图保护个人的权利和本地的自由。在美国，“自由已经陈旧，平等相对新潮”。因此，他在谈及自由的实践、民情和制度时，并未引入权利作为实践的**基础**，没有像《独立宣言》那样声言人类“由造物主赋予的”若干权利先于政府而存在，而是提出权利就是自治实践本身。

在行使权利时，必须具备“一种政治精神，使每个公民觉得自己也享有曾对贵族制国家的贵族起过鼓舞作用的某些权益”。这种精神会让人想起柏拉图和亚里士多德所描述的血性（*thumos*），他们把它形容为像动物捍卫自身利益时的冲冠一怒。它全然不同于由政府保证的经济和社会权利，我们如今称后者为“法定权利”（entitlements），旨在向个人提供保障。在托克维尔看来，权利来自道德，来自“引入政治世界的道德”。这种道德会促使人们甘冒风险去保卫自由——就像《独立宣言》的签署者们曾以“神圣的名誉”共同宣誓——或者在日常行为中，宁愿抛弃政治冷漠的舒适和安心，加入社团或竞逐公职。

托克维尔笔下的“贵族制”（aristocracy）一词是指与民主制截然不同的一种生存方式，而不是这个词的字面意思，即“最优者治世”。他指的是贵族家族的封地贵族制。但美国的贵族制特征来自英国，因此，每当他希望提醒人们注意英国贵族制和美国民主制——在某些方面——具有连续性时，他不仅会说到美国人，还频繁地提到“英裔美国人”。我们还可以进一步说，托克维尔的自由主义在描述自由社会时，依赖的是国家和社会状态，而不是社会契约。在详述英裔美国人时，他相当尖锐地指出，他绝对不会接受人只靠认可相同的领袖和服从相同的法律就能够形成社会的观念，也就是社会契约的观念。相反，他详细讨论了清教徒以上帝的名义——而不是自由主义理论所称的为了个人自保——接受的实际契约。美国的民族特性部分源自英国人，这一事实为它打上了特殊的印记；如果它源自另一个民族则全然不同，且这种不同不仅仅体现在今人所谓的民族特性上。美国的政治和宗教，乃至哲学和道德，例如不言而喻的私利这一概念，全都是从英国传播到美国，成了双重国别的英裔美国人的独特特点。

让英裔美国人尤为与众不同的是自豪感，美国人尤其充满自豪感，他们“自视甚高”。就连他们的宗教热情也“在爱国主义的温床上不断升温”，他们还把牧师送往边境，为的是改善国家，也是为拯救灵魂。美国的爱国主义与英国的截然不同，因为前者是受到民主制启迪而非由故土引发的，且源于自治的实践。美国的爱国主义是被创造出来而不是继承的，是理性、思辨和文明的，而不是本能的情绪。因为如果像美国公民那样积极参与政府事务，他们理当以此居功。他们发现自身利益与共同繁荣密切相关，当他们为这两个目标而奋斗时，自豪感就与致富的渴望合而为一了。托克维尔认可我们如今所谓劳有所获的“美国梦”，但强调了它的政治基础。美国的爱国主义很“毛躁”，像托克维尔这样的外国访客会觉得它相当讨厌，因为国家荣誉会加重每个人的虚荣心并为它提供借口，以至于个人只能赞扬而不能批评国家。这是拥有民主自由的结果之一，但显然也借鉴了英国的贵族制。

自豪感是托克维尔的新式自由主义的重要特征。“我宁愿让出我们几个小小的美德，来换得这个恶习。”这是在反对那些对自豪感不满的“道德家们”，也同样反对霍布斯的形式自由主义，霍布斯希望自豪感或浮夸心可以受到政府的压制，而洛克则将其简化为一种无保障或不安定的感觉。这两位思想家都将自保的权利放在首位，声称担心个人的生命安全，而非对自身的美德充满自豪，才是人类最强烈的天然欲望。在他们看来——这也是自由主义者的普遍观点——自豪感是自由的敌人，因为它会引发征服他人的欲望；而且它与私利相对立，因为一个自大的人很容易变得暴躁易怒，放弃思考而鲁莽向前。托克维尔不以为然，但讽刺的是，他也承认自大是一个缺点，并认为它也应算作明显与私利相冲突，却包含在不言而喻的私利中的诸多事物之一。

托克维尔认为，征服的欲望并非民主制度最害怕的情感，且算计个人利益对自由更加有害而非有利。在自大这个问题上，他表达了在美国的民主制度中，他惧怕的是什么，颂扬的又是什么。他颂扬美国民主制度的自治实践和自由的人们因为所取得的成就而骄傲，证明他们在这一点上超越了自然界其他一切只会服从、无法自治的生物。但他同时指出，民主制本身就会抵消自大并往往会压制它，富人竞选时就会出现这样的例子。民主道德家们和自由主义理论力图达到的这个目的，已经在很大程度上由民主社会自行完成了，他们的建议实在没什么用处。民主制度使自大者变得谦卑，同时也创造了自己的骄傲，这和贵族制度中贵族阶层的骄傲一样，是它本身所必需的。

鉴于自豪感对自由如此重要，托克维尔再次谈到了灵魂。自豪感意味着个人意识到了自我，因而超越了自我——这是“灵魂”的基本含义。灵魂可以反观自身，自我赞许便引发自豪，自我批评便导致羞愧。这样一个灵魂引出或再次引出了他关于人性的复杂观念。他频繁地提到“灵魂”一词。他的新式自由主义便是有灵魂的自由主义，同时又受到关于灵魂的旧观念的影响，自由主义曾试图以自我来取代后者。自由主义的“自我”对获益很感兴趣，却没有因为灵魂在超越的层面对自我进行反省而变得复杂。自由主义的自我没有能力自豪或羞愧，也不太可能获得满足；它只是不停地索求。托克维尔不仅回归到有序的灵魂这一古典哲学概念，还援引了古典哲学和基督教关于高尚的灵魂的概念。

因此，托克维尔在《论美国的民主》绪论中所表达的主要忧虑就是，他在欧洲看到的民主制导致了灵魂的堕落。他说，贵族制是基于这样一种信念，即贵族成员的特权是大自然永恒不变的秩序，这当然是个假象，但不得不服从的人民却认为它是正当的。而民主制度还没有建立合法机构来取代已经被推翻的贵族特权，因而人民虽然不再是“农奴”，却出于恐惧而不是爱和尊重，对现有的政权垂首帖耳。出于恐惧的服从完全是权宜之策，难免使灵魂堕落，因为人民会为自己懦弱卑微地服从权威而感到羞耻，哪怕他们服从的是民主的权威；这样的人民无法自重，也不认为自己是自由的。

之所以出现这种令人沮丧的状况，与其说是道德失范，倒不如说是欧洲当前的某些“精神泥沼”导致的。在美国实践中的民主制也不乏同样的失误，那里的公民颇感自豪，他们相信政府是合法的，人民的服从也是合理的。

第三章

非形式的民主

托克维尔赞同使人民主权得以行使的美国的形式民主制度。他赞扬了宪政形式，美国的建国者在构想这些形式时的考量复杂而周密；他赞扬了清教徒带到美国的简单、自发的乡镇自治形式，也赞扬了所有这些形式的基础：结社的艺术。这些形式让人民得以有效地自治，并因此而明智地生活、实现经济繁荣。这些形式创造了政治自由，因为它们本身**就是**政治自由，那是真正在践行的自由而不仅仅存在于理论中。美国人民在自治中感到自豪，这种自豪感并非盲目乐观，因为他们在自由的同时，还建立了成功的民主制度。

多数的权力

然而托克维尔看到，有一种比形式民主更加强大的非形式的民主。社团的形式在等级和程序两方面对人民协同合作的组织结构做出了规定，但这些渠道或授权机制同时也是耽搁或阻碍人民的意志立即得以执行的壁垒。它们会导致因受挫而焦躁不安的自大，而不是有所成就的自豪。托克维尔在《论美国的民主》上卷第二部分宣称，他的叙述重点将会从（第一部分第四章所展现的）人民主权的原则或教条转向其实际的治理。第二部分第一章的题目就是“为什么可以严格地说美国是由人民统治的”。他宣称，“人民的意见、偏好、利益乃至热情”在实现的过程中不会遭遇“顽强的障碍”。人民通过代议制政府来治理国家，但他们频繁选举代表，为后者指明方向，并让他们依赖于人民。此外，“人民”指的不是从不作为的正式机构，而是以其名义进行统治的大多数。

非形式的民主恰是旧式的形式自由主义试图以代表制和分权制等观念破坏的东西。霍布斯和洛克构想了一种存在于自然状态的形式民主，但它即使存在过，也只是昙花一现，而且其目的在于让以人民的名义——实际上并非如此——来进行治理的君主合法化。洛克和孟德斯鸠发现人民的代表可能会不忠于人民，便制定了形式上的分权，迫使政府自我制衡。《联邦论》完善了自由政府的这两种基本形式，因此美国宪法的每个部分都有充分的代表性，在一个全新设计的联邦制中，分权制体现了新型的、更好的平衡。这些措施都是精心设计的，旨在通过选举来“提炼和扩充”人民的意志，如果未能实现这一宗旨，它们就会提供“辅助的预防措施”来应对失控的政府或蛮横的人民，让人民具备理性来控制激情。

托克维尔不同意这种观点，他的“新式”自由主义抛弃了旧自由主义的希望，即在自然状态下，一个民主的开端可以避免在最终的政府中出现民主的结局。旨在保证主权人民受到纪律约束的那些自由主义形式很容易遭到蹂躏。说人民的意志不会遭遇**顽强的**障碍，就意味着一时冲动可能会被遏制……但也有可能遏制不了。这个想法更接近于卢梭（托克维尔公开承认的导师之一）而不是自由主义者们，卢梭也曾批评后者制定了复杂的策略，让人民被代表，而不是直接被统治。但托克维尔不同意，也未在书中提到过卢梭构想的用一种新式的社会契约来代替自由主义代议制政府。无论理论家提出什么样的形式，民主的人民最终都会按照自己的意愿行事。

既然已经断言人民完全当家做主，托克维尔下一步就讨论了他们当家做主的非正式手段，首先便是政党。党派应当争论的不是族群认同（我们会这样说），而是会对所有群体产生相当影响的共同利益如何分割的问题。他说党派是自由政府与生俱来之恶，同意传统上对党派的贬低，但也说它们可分为两类：一类是伟大的、有原则的政党，例如联邦党人和杰斐逊派；另一类是只关心任职而没有什么思想的小党派。然而，就算在托克维尔访美期间看到的小党派，如杰克逊派民主党[①]，也有着“隐秘的本能”，这些本能与如今我们在任何自由社会都能看到的两大政党不无关联——一是扩大人民权力的民主本能，一是约束人民的贵族欲望。通俗地说，就算在人民主权的民主制度中，也会有党派希望能约束他们，就像即使在贵族制中，人性中的不和谐也是压抑不住的。

美国的出版自由是各个政党的武器，同时也是人民主权的非形式因素。民治的政府是反映人民意见的政府，他们会对那些意见进行选择：新闻媒体的权力就是明确表达人民所选择的意见。这是知识分子的权力，但美国没有一个与巴黎对等的智识之都，知识分子散落四方，无法迅速向整个国家表达其意见。美国新闻记者的精神与其法国同行形成了鲜明的对照：在法国，记者拥有更大的权力，他们擅长粗鲁的攻击，总是被热情冲昏头脑，不讲原则、长于诽谤。总之，自由的新闻媒体是善与恶的结

① 以美国第七任总统安德鲁·杰克逊（1767—1845，任期为1829—1837）及其支持者为首的政治派别。杰克逊的政策跟从了主导上个政治时代的杰斐逊派，以民主精神见称。

合体，对此必须全盘接受，在完全自由的媒体和遭受打压和奴役的媒体之间，并没有经得起考验的中间派。

非形式民主的另一个特征则是政治社团，这同样也是个善与恶的结合体。美国人享有极大的政治结社自由，甚至在欧洲的自由主义者看来，这也是相当危险的。但托克维尔认为，极大的自由有时反倒可以纠正滥用自由的行为。在美国确有其事，那里对反对意见有极大的宽容，比如托克维尔间接提到的1831年拒行联邦法危机。但这样的行为往往要付出代价，那就是在追求统一战线的社团中放弃独立思考。这类社团的有利之处就在于，它们不断求变，因而"削弱了多数的道德帝国"，且在求得多数赞成之时他们也为后者的道德力量进行了背书。人民主权意味着每个个体的平等能力和全体公民的道德力量，但实际上却是多数以全体的名义实施对每一个个体的统治。

多数的暴政

在《论美国的民主》的这一部分，托克维尔小心翼翼地推进，仿佛是想吊读者的胃口，不肯一次说完。他在上卷第一部分写到了暴政，但那部分内容主要是赞扬美国的政府形式，未涉及多数的问题。"多数的暴政"一词首次出现在关于政治社团的那一章，随后又在第七章讨论多数的"无限权力"时成为小节的标题，在本章正文中被论述为多数的"暴政"，最终被定性为一种新的"专制"。这是人民主权背后的幽灵，在此之前，人民主权还一直都是托克维尔讨论和赞扬的对象。

托克维尔说上帝的无限权力是安全的，因为祂的智慧和正义与其力量相当。但不完美的人类就不一样了。人类主权的无限权力会带来暴政，这虽非必然但可能性很大，除非另有预防措施。与霍布斯、斯宾诺莎和洛克以自由主义原则为依据的提议不同,在托克维尔倡导的民主社会,他不希望拥有主权的人民原封不动地接管上帝的权力。

但在美国,阻止多数暴政的预防措施是什么?民意形成了多数;立法机构代表并服从于多数;行政长官也是一样;军队是在服役的多数;陪审团是提交裁决的多数。法治算不上预防多数暴政的措施,托克维尔用“法律的暴政”一词明确表达了这一观点。他对暴政的定义是违背被统治者的利益的统治,这与不讲法律的专断有所不同。因此,法律可以是多数暴政的工具,而专断的统治也可以为被统治者的利益服务,尽管这在绝对的专断统治中不太可能。暴政是一个人的统治,只不过多数的暴政是多数像一个人那样思考和行动。在美国,多数得到了谄媚者的奉承,因而“活在自恋当中”,跟路易十四没什么两样。

在民主制度中,多数的暴政有一个新的特点。在君主制(“独夫统治”)中,专制会通过粗暴地鞭打身体来打击灵魂,但民主的专制“绕开身体而直接压制灵魂”。套用托克维尔在《论美国的民主》下卷里的话,民主的专制是“温和的专制”;它不是拷问和处死,而是在道德和智识上支配对方,是软攻而非硬攻。但也不全是轻言软语。托克维尔在一个脚注中举了两个多数的暴政的例子:在巴尔的摩,两个反对1812年战争①的记者被一群支持战争的暴民杀害;在费城,被释黑奴受到恐吓,被禁止投票。另一个例子是种族歧视,书中有一个出色的章节专门讨论美国三个种族——白人、黑人和印第安人,托克维尔对此展开了详细阐述。

① 又称第二次独立战争,是美英之间发生于1812—1815年的战争,也是美国独立后的第一次对外战争。

这就是《论美国的民主》上卷的最后一章，也是他探讨人民主权问题的高潮部分，是该书到此为止篇幅最长的章节。托克维尔说，这里讨论的话题是美国特有的，即与美国的未来息息相关的三个种族。但他更深层的意图是通过对自豪和自由展开分析，揭示多数暴政的本质及其预防措施。

在美国，多数的暴政最令人不快的两个例子曾经是——如今仍是——对于印第安人实质上的种族灭绝和对黑人的奴役。托克维尔研究了这三个种族，而不仅是两个居于从属地位的种族，因为他希望能论证暴政对于压制者和被压制者双方面的影响。暴政被定义为“违背被统治者的利益”，其之所以出现在现代各民族之中，尤其是因为他们因其所受的教育而不再相信万能的上帝，转而相信人无所不能，拥有“决定一切的资格和能力”。

托克维尔没有谈及任何一个种族天然的或继承的优越性。相反，区分这三个种族的是他们所展示或所缺乏的自豪感。托克维尔称白种人或新世界的英裔美国人为“杰出的人”，因为他们对待其他种族就像是人对待野兽一样，他们是征服自然的人。这种人对两个居于从属地位的种族实施暴政，后两者则是两个相反的极端。野蛮独立的印第安人显示出极大的自豪和自由，而黑人是另一个极端，他们被压迫和奴役，只能卑屈地模仿，毫无创造、毫无自由。两个从属种族的行为完全相反：黑人接受了白人的文明并试图加入白人的社会，白人却拒绝和排斥他们，而印第安人为其祖先感到自豪并对大自然的恩赐充满信心，他们拒绝白人的文明，与其保持距离。印第安人熟知自由的滋味，但因为在生活中总是幻想自己是高贵的，他们既不会自控也无法自保。黑人知道如何自保，但作为他人的财产，他们毫无尊严，因而无法自我改善，获得自由。这两种极端状况各自揭示了多数暴政滥用自豪感的结果：顽固的印第安人的命运是因为自豪感过多，而黑人的屈从则是因为几乎没有自豪感。白人多数如果没有适当关注自豪感，也可能会经历他们施加给两个被压制种族的悲惨命运。要想拥有自由，需要在拥有自豪感的同时具备理性，因为在民主制度中，出卖自由来换取行政效率看来总是合乎情理的。但自豪感也需要理性来节制其不切实际的幻想，并使其顺服于文明。托克维尔明确表示，要顺服于文明，而不仅仅是顺服于专业技能。

托克维尔赞同自豪感，但他在这方面仍然有别于托马斯·霍布斯制定的自由主义的原始形式。他的理论声称，为了产生文

图6 托克维尔的朋友及旅伴居斯塔夫·德·博蒙的一幅速写，画的是他本人和托克维尔（靠在倒下的树上），以及引领他们穿越密歇根州荒野地带的一个印第安人向导

明，人不仅应该节制，必要时还应该抛弃自大。在自然状态中，人与人始终彼此冲突，那是一场所有人反对所有人的战争；在那种状态中，为了自保，他们需要把自己那些虚荣的幻想统统丢进恐惧的冷水中。有过那样的经历之后，无论是在事实上还是在想象中，人们就会做好准备接受文明，在文明的社会里容忍他人，虽然不会过分屈从于他人。在霍布斯及其众多追随者看来，自由和自豪感是相互冲突的，他们教育文明的人必须学会反应敏锐和相处融洽。

在同一章中，托克维尔让我们看到，他选择了一条相反的道路。他不赞成建立一种社会契约来让人们为了文明而放弃自豪感，而是希望人能保留其自豪感，它与自由密不可分。拥有原始自由的印第安人必须与黑人及其乐于被文明同化的意愿相结合。其结果将会是这样一种"白人"，他们因为保有自豪感而保有自由，他们能够自保是因为他们的尊严不是建立在幻觉之上。这样的"白人"当然不必是种族上的白人，而是抛弃其对于两个从属种族的偏见的白人——托克维尔认为他们不大可能做得到。

当奴隶制与种族联系在一起——在美国的情形如此，一般的现代奴隶制也都是这样——肤色就成了奴隶永远的标志。白人因为偏见而把他看作处于人兽之间的低等人类。自由主义者可能会断言——《独立宣言》也可能宣称——人人生而平等，但这种主张实际上使得奴隶制更难废除了，因为白人不把黑人看作具备完全人性的人类。独裁者完全可以在美国废除奴隶制，就像欧洲列强的殖民地都废除了奴隶制一样。

但是，民主的美国人以仅存在于白人之间的平等而自豪，与此同时，（甚至在美国北方）他们也惧怕奴隶的反抗。自由主义理论不能理解他们所表现的种族自豪感，这种自豪感粉饰了种族的问题，惧怕则表明他们反对种族平等，而不是像自由主义理论原本以为的那样，赞同种族平等。印第安人反对白人生活方式的骄傲行为表明，自由主义理论想当然地认为文明自有其吸引力，而不理解人必须服从于文明。白人排斥黑人的偏见表明，尽管民主有着反对自大的强烈倾向，但自豪感并未消失，且必须加以应对，必须为它找到健全而道德的客体。很多美国人在偏见中显示出来的自豪感必须转变成因拥有自治的自由而生发的自豪感。自由主义者往往在其理论中假定人可以在自然状态中平衡所有的权利主张，继而建立一种社会契约。

托克维尔同意自由主义者认为奴隶制违背自然的理论，但这不是因为在原始的自然状态中人人平等。他慨然疾呼，我们在奴隶制中看到"自然的秩序遭到了逆转"。但在自然的另一种意义上，欧洲人奴役被他们视为低等的其他种族再自然不过了——这是完全可以理解的。自然的秩序就是最优者胜，但最优者不是天生的；实际上，它要面对人类天生的自豪感带来的重重阻隔。自由主义理论认为它已经在自然状态战胜了自豪感，并称人类最强烈的情感——因自保而产生的恐惧——与自然的秩序（自然法则）有关。在托克维尔看来，这个解答倒是干脆利落，但把问题过于简单化了。他关于民主的思考专注于自豪感，并且他关注的不仅是反对偏见和抛弃妄自尊大（我们如今对此已经没有异议了），而是要完成一项更加艰巨的任务：找到治愈自豪感缺乏症的良方。民主因为自豪感的褊狭而变得别扭起来，因为后者总是意味着某种不平等的存在，但民主又需要自豪感，特别是在民主政治中，需要自豪感来表现其自身的重要性和成就感。

在介绍完多数的暴政之后，托克维尔差不多立即就提到“多数对思想的影响”。他直言不讳地说：“在我所知道的国家当中，总体而言，没有哪个比美国更缺少思想的独立性和真正的言论自由。”这不是说持不同政见者就要担心被人迫害或被烧死在火刑柱上，而是**没有人愿意倾听**，人们会对他不理不睬，最终让他闭嘴。这是一种关闭心灵的“智识”暴力，连作者发表与多数相左的意见的想法都要剥夺，比中世纪的宗教审判所更甚。为了证明这一点，托克维尔引述的事实依据是“美国还没有伟大的作家”。

当然，托克维尔自己的著作在法国面世之后不久便在美国翻译出版了，这显然没有顾及多数的意见。但他在书中数次表现出谨慎态度，不愿被误以为敌视美国或民主，尤其是在下卷的开始，他宣称无论对那个时代的伟大政党还是较小派系，他都不愿谄媚奉承。此外，现代读者也许会回答说，美国的伟大作家很快就会出现了：1850年发表《红字》的纳撒尼尔·霍桑、1851年发表《白鲸》的赫尔曼·梅尔维尔不过是其中的两位。詹姆斯·菲尼莫尔·库珀的《最后的莫希干人》（1826）问世时，托克维尔还有时间考虑一下自己的说法是否武断。尽管如此，他说，谁都不会愿意因苛评美国人而得罪一大片，没有一个美国人可以忍受对他的国家哪怕是只言片语的批评。

托克维尔在有关出版自由的那一章论述道，见解分三种：信仰、怀疑和理性的信念。很少有人能做到最后一种；大多数人在宗教时代生活在信仰之中，在民主时代则生活在怀疑之中。托克维尔天才的悖论之一就是，他说在信仰的时代，人们在皈依时会改变自己的意见，但在怀疑的时代，他们反而会坚持自己的意见。何以如此？当人产生怀疑时，他们看不到比自己的意见更好的主张，也没多大兴趣，倔强、偏见和固有观念本身，可能在他们看来更加利益攸关。

因此，出版自由不会诱惑人们生活在理性的信念之中或追求真相、实事求是。如今的媒体声称人民有权知道真相，多是在唱高调。大多数人在生活中并不关心事实真相，只要有自命不凡的主观判断就够了。他们是怀疑论者：“不能相信书本！”就像我们如今常说媒体总是搞错。因此我们坚信只有自己才是正确的，没有哪个高高在上的权威能够评判我们的对错。民主主义者喜欢鼓吹自己思想独立，而他们的表现恰恰最缺少这种独立。托克维尔指出出版自由有两个隐秘的优点：一是创造就业，鉴于有点天分的作者都有野心，总要用粗鄙的机灵俏皮彼此相轻；二是稳定舆论，鉴于人们永远糊里糊涂，听到什么都会狐疑不已或不予理睬。

在下卷中，托克维尔讨论了科学的权威性；科学试图让人们拥有某种理性的信念，它既非全面的系统知识，也不是无知的主观臆断。但在这段讨论中，托克维尔既强调了出版自由“至高无上的善”，也重点讨论了多数假教化之名，日益非理性地放任自流。托克维尔以其标志性的中庸态度，将它分别与审查制度和最高意义上的理性进行比对，就这两个参照物而言，前者更常被作为自由主义的反面。比对结果与约翰·斯图尔特·密尔《论自由》中关于“思想和言论自由”的赞歌颇为不同，《论自由》出版于1859年，也就是托克维尔去世的那一年。

密尔是他的朋友，曾为《论美国的民主》撰写书评，是托克维尔最早的支持者之一，但他们在理性与自豪感的关系问题上观点大不相同。密尔认为，普通人的偏见可以由如今被称为“知识分子”的那些人来克服，知识分子可以引导社会发展方向而不必成为实际的统治者；他认为人的自豪感是一种障碍，而政治自由是知识进步的工具。托克维尔则认为自豪感对民主有利有弊，其弊端在于它会推崇民主多数的偏见，而裨益则在于它会在政治自由所提供的“免费学校”中纠正这一偏见。在他看来，最高等级的理性是人类自豪感“最后的避难所”，理论发现可能会引领社会进步，但理论发现本身当是目的而非手段。人类因为有了理性而不同于动物；这是自豪感的理性基础，有能力拥有最高理性的人应该认识到这一点。但大多数人在大多数时候只会应用理性来骄傲地捍卫其偏见。自由媒体的任务和使命就是传播偏见。

平等与相似

非形式的制度背后是非形式的舆论主权。托克维尔在这方面同意密尔的观点，但他远不如密尔那般乐观。密尔认为，舆论可以被他自己这样的知识分子引导，从而开启民智，而托克维尔虽然同意少数人比多数人更开化，却认为知识分子更有可能受到舆论的引导，而不是引导舆论。如果他们试图像密尔那样说教和劝导，则不会有人听从；他们会被迫为舆论服务。密尔等民主知识分子往往比民主的民众更加民主，但另一方面，他们会将自己排除在民众之外，以民众的导师自居。诚然，正如托克维尔在《论美国的民主》的绪论中所说，他本人也力图“对民主加以引导”。但他的引导方式是对其利弊进行坦率的分析，同时伴以无声的赞美，而不是为民主争辩并斥责反对者。他没有满腔愤慨，而只是将民主制与贵族制作了冷静的对比。

比起贵族制，舆论在民主制度中发挥着更大的力量，因为在这里人人平等，或自认为平等。没有哪个个体或群体的权力大过人民，因此，没有人会公然站出来反对人民，而这在贵族制社会可不算少见。舆论统治的依据是民主的社会现状，这是个托克维尔式概念，既先于政治，又由政治所决定。在民主制度中，舆论是实际的统治者，但它**看起来**并非如此，因为舆论没有一个清晰可辨的代表，人人都必须洗耳恭听。舆论当然是由知识分子、政客和新闻记者形成的，但因为人人都声称顺从舆论，所以无人承担责任。当舆论发生反转，赞成和反对的比例颠倒过来，它不会有任何解释，因为它不必对任何人负责。有人会试图诠释舆论，但舆论不会挑明他们是否正确。舆论的主权决策不取决于理性，人们也无法反对这些决策，说它们前后不一或目光短浅。舆论总会被人听到，但它不想听的时候就不会听取任何人的意见。

民主的舆论依靠的是平等，但这种平等的性质有待考察。民主如何应对显而易见的天然的不平等？在民主制度中，每一个人都认为自己与他人平等。这种平等的想法比不平等的事实更加强大有力，因为它可以凭空臆造出平等。你的邻居可能会比你富裕，但如果你认为他和你是平等的，那你们就是平等的。托克维尔使用了人的相似者（*semblables*）——看上去和自己一样的人——这一概念来表示民主舆论的创造力。你的邻居并非和你完全平等，但他看起来和你没有两样，无论他是否比你富有、美丽或聪明。这样一来，你就可以平等对待他，也就是说你们之间的不平等并不能赋予一方高于另一方的任何权力。

应该把相似者这个概念应用到托克维尔关于民主革命使人们的身份更加平等这一说法中，某些读者反对这个说法，因为这似乎无视一个事实，即在我们所谓的"民主制度"中，仍存在明显的不平等。但我们**所谓的**民主制度**的确就是**民主制度。民主制度是平等者和不平等者共同的统治，两者都认为自己与对方没什么两样。人们所理解的平等是事实上的平等而非抽象的平等，后者即便存在也不多见，也就是自由主义理论家所构想的自然状态。托克维尔用约定俗成的平等，也就是人们认为自己和他人没有什么两样，取代了那种所谓的人类自然平等。而相似者之间约定俗成的平等并非简单武断的概念；它的基础是人类天性中的自豪感，有了自豪感，每一个人都觉得自己很重要。既然人可以因为比他人优越（贵族制）而自豪，当然也可以因为没有谁比自己优越（民主制）而自豪。

当人屈服于舆论时，他不是屈服于某一个看似拥有超越他的权力的特定个人或群体。舆论的这种暧昧特性不但保护其自身免遭指责且无须承担责任，而且使得它既得权力之实，又无须承担权力之名。民主的民众之间的相似性使得民主制看似天经地义，即使其在相当大的程度上因袭了传统。托克维尔承认人类天性与人类传统之间的差别，但他并未尝试按照自由主义理论的方式锐化这一差别，将二者对立起来、彼此敌对，相反，他将天然的和人为的事物进行了调和。

在民主舆论的运作中，自豪感既受到了褒扬，也遭到了贬抑。当一个人与他人进行比较时，他会因自己与他人平等而感到自豪，但随后当他将自己与“相似者的全体”这样一大群人进行比较时，就会感到自己无足轻重而颇受打击。因此，群情“就会对每个人的精神施加巨大的压力”，包围、指挥、压制着他。人们彼此之间越相似，个体在大家面前的自我感觉就越弱小。当他和多数人意见不同时，他首先信不过自己，以至于多数人“根本无须强迫他，说服他即可”。托克维尔说，这就是民主制度中鲜见大规模革命的原因。生活在民主中的各族人民既没有时间也没有兴趣去征询新的见解；他们只愿意接受自己熟悉的事物，无论对错,也不管屈从于多数会令尊严蒙羞。

物质富足

在舆论的表象之下,是人们对托克维尔所谓“物质富足”的喜好。他第一次使用这个短语时,是在谈及它对政治见解的影响,这在来到美国发迹的外国人身上尤其明显。托克维尔在旅途中遇到过一位法国同乡,他在老家时曾经是个热心的财富平等主义者,但在美国的成功让他学会了像经济学家或唯物主义者那样对财产权津津乐道;随着财富日渐增多,他的观点改变了,其本人也不再是平等主义者:托克维尔提出了唯物主义的哲学教条和大众对物质富足的喜好之间的联系——这看来或许有些牵强。在美国,教条和喜好各自都有一股非形式的力量,在民主生活的若干阶段,它们倾向于造就一种无趣而软弱的庸才。托克维尔在下卷用连续七章的篇幅来讨论这一喜好,但在上卷的绪论中,他就已经严厉谴责了这一教条,还说那些“将人全然物化”之人无礼、窃据又卑劣。

从这个未提及姓名的法国人的例子来看,在美国,对于物质富足的喜好似乎变得对上述教条有利了——以至于像马克思主义鼓吹的那样,经济利益或阶级决定了人的经济观念。但托克维尔没有采纳这个思路。他坚持认为,对物质富足(在下卷中也称作“物质享乐”)的喜好源自民主制度。这有着更深刻的政治原因而非经济原因,并非源自马克斯·韦伯所说的资本主义或资本主义精神。这种喜好是什么?托克维尔讨论了它的特点,并将它和明显与之对立的灵魂联系起来——在美国的民主制度中,物质富足中存在着某种非物质的因素。民主的灵魂自身的桀骜难驯的天性就是源于对物质富足的喜好。

美国人的确对物质有一种喜好，这来自他们非比寻常的处境，而在其他各民主国度中都看不到这种处境；托克维尔借此机会表明，他不认为美国可以成为他国效仿的榜样。美国的这种喜好如此极端，以至于人们必须实地探访，亲眼看见它所发挥的威力——这是托克维尔说的第二件必须亲眼看见才能正确认识的事，第一件是在美国建立社团之便利。在讨论三个种族时，他说北方的白人把物质富足作为其生存的首要目标，这表明并非所有人一致认为物质享乐极端重要。而尽管存在这些限制条件，托克维尔仍然断言，平等以某种“隐而不见的力量”，使得对物质富足的热爱（而不只是喜好）和与之相伴的“只爱眼前”占据了人心。

这种“隐而不见的力量”是什么？在下卷论及对物质富足的喜好的那一章，托克维尔再次比较了民主制度和贵族制度。贵族阶层鄙视物质财富，他们不需要什么生活必需品，而民主主义者没有物质富足就很难生存。在我们的时代，不妨想象一下现代上下水管道，一切民主社会都将其视为必需品。物质富足处于富有和贫穷之间；穷人想要拥有，富人却不怎么以孜孜追求它为荣；它随着中产阶级的成长而传播开来。人们要努力才能实现富足，又充满焦虑地沉迷其间。这是一种坚韧持久、痴迷专一而普遍存在的激情，但也不乏灵魂固守的次要目标。它驱使着民主的人们需索无度，但它本身又受到压抑，托克维尔说他对平等的不满之处倒不是它让人们失去自制力，纷纷去追求禁忌的欢愉，而是它把人们完全吸引住，让他们一味寻觅合法的享乐。“他们会走向疏懒，而不会走向荒淫。”对于物质富足的喜好是诚实而正派的，但那只是因为它缺乏雄心：“无论恶行还是美德，都不能偏离公共尺度。”

要得到这个世界上美好的事物——这种正派的欲望是美国最主要的激情,却非唯一的激情。在这样的语境之下,托克维尔突然提出了关于灵魂的话题,既中和了这种最主要的激情,也解释了其隐而不见的力量。他凝视着自己描绘的这幅图景——巡回传教士在西部的荒野中找到了教众,让他们表现出在欧洲见不到的“狂热的唯灵主义”——揭示了有关人类天性的真相。他说,人拥有对无穷和不朽的热爱。这些崇高的本能并不由人的意志产生,而是牢牢扎根于人的天性。人可以压抑这种爱好,可以改变它的形式,却无法根除它。感官的享乐无法让灵魂得到满足;它有自己必须满足的需求,否则不管人们怎么用感官享乐去分散灵魂的注意力,它很快就会感到无聊、难耐和焦躁。美国人桀骜难驯或焦躁不安的方式令人想起了帕斯卡的哲学,他是托克维尔心目中的英雄之一。

这对于“不言而喻的私利”这一美国教条意味着什么?在谈及人类天性中对不朽的热爱时,托克维尔暗示,人无法完全理解源于自身的一切。大自然是这种热爱的源泉,而且,是大自然,而不是人,创造了自我。此外,对不朽的热爱甚至可以看作那种最主要的激情的延伸,因为一旦对物质所得不满,它要打破“肉身的沉重枷锁的羁绊”时,不断获取的欲望就会转变成对不朽的热爱。这样一来,物质利益就被一股更大的力量移除了,这股力量来自托克维尔所谓的“人的非物质利益”,它是“不言而喻”的私利的巨大延伸。这种广义的私利通过“物质纽带”,即人的时空环境,与自我绑定在一起,但其非物质的真义却高于自我。就连美国人也默认他们对物质财富的热爱无法让他们得到满足——虽说超越唯物主义体验的人凤毛麟角。灵魂自有美国人不理解的需求,因而当灵魂摆脱了物质利益,它便无拘无束,越过常识，奔向无穷。

平等物化了人，因为它推翻了压迫人民的所有贵族权威，那些权威会引导或强迫他们寄希望于未来，或者为了长期的目标而牺牲自己的物质利益。民主主义者只活在当下；他们的心思全在眼前。而眼前又有什么无须引导或牺牲就能看到的东西呢？物质财富。问题在于，人们获得的物质财富会激发贪欲，让他们更加不满而不会知足。在民主制度中，人们可以自由迁徙、跳槽、搬家，并且由于美国人心仪世上美好的事物，总是多多益善，他们必须时刻行动、永不停歇。没有法律或风俗限制他们留在当地。因此，美国人严肃而忧伤；他们不能得偿所愿；生命太短，而选择太多。

诚然，美国人既有对物质富足的喜好，也不乏对自由的热爱和对公共事务的关心，但它们之间没有必然的联系。行使政治权利往往并不方便，因此私利会让人忽视自己在世上的主要利益，即在人民主权内部始终自己做主。追求财富是理所应当的，但如果这让人“荒废了人在精神领域最宝贵的能力”，那么他就会因汲汲于追逐眼前富贵而自甘堕落。“危险正在这儿，而不在别处。”

伴随着这一段评论，托克维尔展开了对于唯物主义教条的讨论。他说，唯物主义“不管在哪个国家，都是一种人类精神的危险疾病”，但在民主国家尤其可怕，因为它会与民主国家“最常见的人心之恶”完美地结合在一起。唯物主义本身并不是民主社会独有的，在贵族制的时代当然也有唯物主义者。一切唯物主义者都让他不舒服，因为在他看来，唯物主义的教条是有害的，骄傲的唯物主义者也令人讨厌。虽说现代唯物主义与民主制度相伴相生，但唯物主义教条教导人们不要关心政治和道德。

人们或许试图从唯物主义中提取出一种似是而非的道德教义，告诉人们因为人这种物质不比其他物质优越，人应该有自知之明。但事实正好相反，唯物主义者愈发自以为是地宣称人类与兽类无异，表现“出来的那股傲气就好像他们证明了人就是神一样”。

托克维尔说，立法者工作的本质就是正确认识人类社会特有的倾向，从而了解在什么时候支持公民的努力，什么时候阻止他们。在民主国家中，立法者和所有诚实、开化的人应该使同胞的灵魂变得高尚，把他们的注意力转向天堂，他们在美国正是这样做的。他们应该竭尽全力让唯心主义观念盛行于世，但这并不容易。苏格拉底和柏拉图战胜了古时的唯物主义者，虽说他们的著作存留至今，而古代唯物主义者仅有只言片语传给后世，但他们有此盛名仍当归因于人们对人类非物质性灵的赞美。这不能证明唯心主义就是真理，但根据托克维尔的论述，唯心主义能够证明自身的最好证据似乎就是人们相信它的真实性，也就是说，我们需要探讨人性以及人希望自己的生活或生活目标能够超越物质——到达精神层面。

这样一来，要想让人们知道自己有着非同寻常的价值和非同寻常的责任，唯一一个简单、普遍、实用的办法，就是让他明白自己有灵魂，特别是让他明白，灵魂是不朽的。这就需要传授宗教。但托克维尔身为自由主义者，只希望能提升宗教，使之保有唯心主义的荣光，并不想建立一种正式的哲学或教派。如果教会政治化了，就会获取世俗的利益，失去其道德力量，从而也失去了政治力量。托克维尔说出了一句名言：为了维护基督教，“我宁愿把教士关在教堂里，也不愿他们走出教堂四处活动”。在民主国家，其结果是对物质享乐的欲望与宗教之间发生了争执或冲突。争执是托克维尔希望继续下去的，因为它源自人的内心，它可以同时承载“对尘世幸福的喜好和对天国幸福的热爱”。人心能够跨越民主制度和贵族制度之间的差别，托克维尔坚信人心自有宽广天地，因而对民主制度中的唯物主义充满厌恶。

第四章

民主的专制

民主制度的最大危险来自民主制度本身。为了看清这一点，我们必须回过头，看看《论美国的民主》两卷之间最引人注目的区别。在上卷讨论了人民主权之后，托克维尔的观点在下卷中显然有所转变。他不再谈论人民主权，而是提到了一种新的“个人主义”，它颠覆了人民自治的自觉意识，并引介了大政府这一“巨大存在”；他不再谈论多数的暴政，而是描述了由那种政府造成的新的“温和的专制”。这一观点转变的证据是：他在上卷中没有使用“温和的专制”这一措辞，而在下卷中则不再提“多数的暴政”。大体上我们可以这样描述他的转变：起先他认为民主制度的主要危险体现为主动压迫的多数暴政（以奴役黑人为例证），后来则认为其主要危险是一种温和的专制，在这种制度中，多数被动地放弃了专制者特有的固执、浮躁和自大的本质，变成“一群胆怯而又很会干活的牲畜”。

看到托克维尔的观点中出现了这类措辞和含义的变化，某些学者甚至声称，上下两卷讨论的是截然不同的“两种民主制度”，因而将上卷称为《1835 年民主》、将下卷称为《1840 年民主》已成惯例。这也许有些过分。本书上下两卷出版时间相隔五年，托克维尔当然有时间重新思考。他曾在一封信中承认确有一些差别，上卷谈论得更多的是美国这个民主制度的舞台；而下卷更多的是民主制度本身——但这只是讨论重点的变化而非观点的变化。他在下卷开篇的"声明"(Notice)中倒是给出了更权威的解释:"上下两卷相辅相成,合为一部著作的整体。"

托克维尔的这句话明确否认了上下两卷不连贯的看法,称它们只是有些差异,并由读者去注意这种变化,自行判断。他在上卷描述多数的暴政时已经说过,这种暴政最糟糕的是对思想的暴政,而不是对身体的暴政。或许在他的论证中,非形式的民主制度发展成熟,本来就会成为新的民主专制,而不是他的观点发生了彻底转变。

托克维尔在下卷"声明"部分进而说道,他曾在上卷中讨论了法律和关心政治的民情,在下卷中他将要讨论"公民社会",意指不直接与政治相关的情感、见解和关系。但它们最终还是关乎政治,因此,在下卷的第四部分,他再次讨论起它们对于民主政治的影响。民主制度不仅仅是政体形式和上卷中描述的美国人的社会现状,它还是一种生活方式,是社会存在的目的。下卷论证了民主制度的终点或目标会是个什么样子。托克维尔在这里说出了前文中没有明确说过的话,他既不是民主制度的反对者,也不是它的佞友,因此才会直言不讳。他抨击的主要目标不是民主制度的贵族敌人(他斥之为遗老遗少),而是它那些愚蠢的朋友,相关讨论尤见于下卷第一部分关于民主的知识分子的章节。

民主的知识分子

前文强调过,托克维尔推介的美国的民主注重实践,是在实践中自学成才的民主,而不是一套空泛的哲学思想。但他在下卷的第一部分却转向了哲学,目的不是考察哲学对民主的影响，而是民主对哲学、对“美国的智识运动”的影响。这是“智识运动”一词较早出现的一处，或许是第一次出现；他用的是单数形式，而不是我们如今常用的复数形式，表示他想看看民主的头脑是如何思考的，以及它是否思考。他曾说民主是“不可抗拒”的，也就是说不能反抗民主，但事实证明，有一群民主的所谓“朋友们”对这个词的理解完全不同。他们认为，人类别无选择，只能屈服于客观的强大力量，这种力量能够决定他们的生死，使他们全无可能朝向民主自由的目标发起主动的、有意识的（“智识的”）运动。

他们是谁？托克维尔写到了他认为有害的两类知识分子：泛神论者和民主历史学家。但在讨论开始之际，他挑选出 17 世纪的法国哲学家勒内·笛卡尔一人特别作了一番描述。他说，与文明世界的任何其他地方相比，美国人对哲学的关注较少，但所有的美国人在智力思辨时使用的都是同一种方法，那就是依靠个人努力和评判，而这正是笛卡尔的方法。正是在美国，笛卡尔的规诫被“研究得最少，却执行得最好”。美国的民主社会现状既让美国人疏远哲学，又让他们倾向于接纳笛卡尔的原则。在那种状态下，人们既不会坚持传统，也不会接受阶级的观念；他们不认为有谁比自己优越，他们只相信自己。

这么看待笛卡尔有些奇怪，笛卡尔通常不被看作政治哲学家，当然也不是个民主主义者，而托克维尔却宣称笛卡尔是民主“方法”（笛卡尔自己的措辞）的创造者，尽管他本人无意为之。这么看待美国人也很奇怪：说他们受制于一位他们从未读过的法国哲学家，或者生活方式与其观点暗合。笛卡尔最著名的学说是质疑权威，除了他的名字不为美国人所知之外，他本人就是美国的权威。他对于权威的攻讦变成了为个人主权辩护的权威。

很难说托克维尔让笛卡尔变得更可笑，还是让他无知的美国思想家同行们显得更荒唐。笛卡尔关于“清晰分明的观念”的哲学被归结为每一个不懂哲学的美国人的笨拙主权，他们居然根本不需要阅读笛卡尔的著作就能了解他最核心的思想。而美国人不无荒谬地在人民中间树立了一个权威，如果他们真的追随笛卡尔的教义的话，这个民族应该是充满怀疑的。如此庸俗而矛盾，这到底是什么样的智识运动？

为解释清楚民主的头脑，托克维尔深入思考了人类生存状态的本质。与本能或自发的活动相反，所有的智识运动都要求人自己动脑进行判断。自己动脑意味着怀疑现有知识的权威性。然而如果说思考的目的是行动，人就必须压抑自己的疑虑。谁也没有时间或能力自己把一切想得彻底通透，如果没有共同行动和共识，也没有哪个社会能够存续。就连哲学家也需要作假设，因为没有谁能一下子把一切都想个明白。

托克维尔从对权威的需要轻易过渡到对信仰的需要，因为社会和个人都必须接受信仰的“初始基础”，信仰实际上是一种奴役，但却是一种必要的“有益的奴役”。笛卡尔和复制了笛卡尔哲学的民主社会现状都夸大了人类理性的力量。理性不能代替权威，构建起个体的自治。人类的理性所能做到的不过是把贵族制的权威转变为民主制的权威——但它的确能做到这一点。人不是像霍布斯和洛克设想的那样，最初生存在毫无权威的状态中，天生便“绝对自由”。民主制度并非产生于没有权威的自然状态，而是由否定任何高于自身的人或阶级之权威的民主主义者们创造出来的。在这个过程中，每个人都体会到了与他人平等的自豪。而与此同时，在所有其他个体组成的“大整体”面前，每个人也都深切感受到自身的虚弱和卑微。因此，民主的权威对于头脑有两种相反的效果:它否定传统和风俗,给头脑带来新的思想,与此同时,又诱使头脑面对舆论时放弃思考。

托克维尔从对信仰的需要得出结论:民主的头脑喜欢归纳。他认为这是个弱点。上帝能够同时看到万事万物的异同之处而无须归纳,但人却需要将相似的事物集合为同类以便思考。比起他们的"英国祖先",美国人更喜欢笼统的观念,那些"英国祖先"是美国远在英格兰的贵族制往昔,与反对英国贵族制度的清教徒们的民主起源截然不同。贵族天生厌恶共性,偏爱一次只考察一个或少数几个人,但民主主义者则培养出一种懒惰的对共性的热爱,因为他们的出发点就是这样一个明显的事实:周围的每一个人都差不多一样——那些人和自己没什么两样,都是相似者。民主的平等产生了轻率归纳的思考习惯和对深刻见解的恐惧。这个民主的弱点促使托克维尔重新讨论了宗教。在上卷中,他考察了宗教对民主制度的促进作用,表明了宗教如何"教导美国人掌握行使自由的技巧"。在下卷中,他转向了宗教的真相。

宗教让美国人从怀疑中解脱出来,这有助于他们用头脑思考。笛卡尔的哲学强调了怀疑的必要性,特别是对宗教的怀疑,但在托克维尔看来,宗教把民主的人们从怀疑产生的一片死寂和麻痹中解救了出来。人需要"对上帝、对自己的灵魂乃至对他们对造物主和自己的同类应负哪些一般义务,都形成一种确定不移的观念",因为如果没有这些,他们就只能听天由命,任凭生活混乱失序而无能为力了。宗教是"对人的心智的有益的束缚",即使宗教不能使人在来世得报,它也可以帮助他们在今世得到幸福和变得高尚。它为那些最重大的问题提供了答案,如果没有这些问题,缺乏独立思考能力的人将会沦为不事思考的懦夫。

笛卡尔或者任何哲学家都会说，跟信仰相比，怀疑能体现出更大的自觉和自由。在读柏拉图时，看到苏格拉底所说的大多数人都被囚禁其中的洞穴，我们大概就不会觉得托克维尔所谓"有益的束缚"那么讨喜了。但托克维尔的观点正好相反，他认为对大多数人而言，怀疑会让他们变得因循苟且，因为怀疑本身就是在质疑事物发生的规律性或可预测性。如果人们认为天命支配人事，他们就会听任万事顺其自然而不以理性、自由的行动来进行干预。宗教则向我们保证一切并非全凭机遇，并让我们坚信，人类的意愿可以实现，人类的行为是有意义的。

有人可能会提出异议，理由是这样仍然是在以其功用来评判宗教对心智的影响；但我们可以这样来回应这种质疑：如今用来评判宗教的乃是人的头脑指导行动的功用。宗教之所以有利于民主制度，是因为它启迪了与物质享乐相反的本能，还因为在这个过程中，它教会了人们对他人承担义务。在这两个方面，宗教都是自由所必需的。托克维尔说，他日益坚信"[人]要是没有信仰，就必然受人奴役；而要想有自由，就必须信奉宗教"。考虑到旧的自由主义对信仰的敌意，这的确是一种"新式自由主义"。他把宗教看作哲学的公共形象，是哲学的朋友而不是敌人，它保证哲学不致造成无意的伤害——如果不加以干涉，哲学的确可能造成无意的伤害。

泛神论是一种宗教哲学，像斯宾诺莎哲学体系一样，它是一种将上帝和宇宙、造物主和万物全都包含进一个单一整体中的"哲学体系"。就是说，上帝造物是别无选择，上帝同时是造物的因和果。也就是说，人既无法被其头脑所指令，也无法像清教徒那样成为初始动因，也不比非人类的大自然更加自由。泛神论不仅是民主思想的一种表达方式，就像一个笼统的观念抹杀了自然界的一切区别，否认人类在自然界拥有任何特殊地位；它也是对民主思想或有关思想的任何概念的攻击，因为它否认人类能够通过思考或思之而后行而成为万物之灵。

泛神论是科学客观性在逻辑上的极致——它并没有偏爱人类——并且说来也怪，它也是民主平等的极致：整个宇宙都是民主的。

而在这一小段关于泛神论的重要讨论之后，托克维尔立即提出了进步的概念，他称之为“无限完善”。它与泛神论有什么关系？进步是民主思想主要的积极信念，尽管它也保持着怀疑的姿态和盲目的听天由命的倾向。进步看来是有意识地改善现状使之变得更好，它似乎是托克维尔考察的“智识运动”的一个主要例证。这样一来，进步就是人类特有的能力，能够把人和其他动物及万事万物区别开来。造物因此而不再是泛神论所断言的“单一整体”，而是一个复杂的整体，其中包括一种不同于其他万物的生物，它能够改变和重新创造，即获得进步。进步的观念与泛神论相悖，不过两者都是民主思想的表达方式。泛神论想要对一切差异和区别一概而论，但进步的观念则认定民主的人应该格外看待，为的恰恰是对那个将事物一概而论为泛神论的民主思想表示尊重。民主主义者认为，实际上，一切从本质上都是平等的，但提出这一主张的民主主义者除外。

在进步观念的内部也存在这种矛盾。托克维尔说，平等向美国人**暗示**了人可以**无限**完善的观念。平等只是建议但并未迫使民主主义者相信进步，因为强迫会贬损人类创造、构想以及发扬更好的生存或行事方式的尊严。民主的进步为何是无限的？贵族制度中也有进步，但那是有限的；它是朝向完善的改进，或是在“一定的不可逾越的界限之内”的进步。进步无法超越完善，而且由于人类是不完善的，进步充其量不过是接近完善。

民主制度追求的不是完善，而另有其事："一个理想的但又总是转瞬即逝的完善的形象"，一个只能渺茫地瞥见终点的"伟大目标"。他们不知道完善是什么，但也不否认完善的存在。他们没有哲学修养，因为他们否认自身之外的任何逻辑或真理，但与此同时，他们又遵循着无限完善的"哲学理论"，这种理论承认精神可以支配物质，但把进步的能力归功于每一个人和每一个时代。托克维尔讲了一个美国船员的趣闻，此人解释说他们国家的船之所以不耐用，是技术进步太快，老船很快就不堪再用了。在美国人看来，完美的船根本就不存在，但在某种程度上，虽然不知道何为完美，人们却稀里糊涂地知道，新的就是更好的。

因此，民主的头脑有一个进步的理论，但它轻视关于完善的纯粹理论，而偏爱将理论应用于实践。"平等让每个人有了凡事自行判断的愿望，让他在看待一切事物时都更偏爱真切的实体，而轻视传统和形式。"在民主的永久喧嚣中，人没有闲暇去苦思冥想什么"最纯理论原则"，他们没有什么见解去表达在贵族制中一度被珍视的"人的尊严、力量和伟大"，而他们的头脑又倾向于热爱真理。托克维尔警告说，进步有赖于纯粹理论的发现，但在一味追求进步的社会中不大可能会有这类发现，当然也并非全然不可能。进步来自那些拥有"对真理的无私的爱"的人，而不是热爱进步的人。看来，科学与其说是科学的方法——美国人的方法——还不如说是对真理的热爱。美国人在其智识运动中并不知道前进的方向，对纯粹科学所必需的"对基本原因的思考"也不怎么看重。"在我们这个时代，应当让人的精神重视理论"，因为民主的头脑偏爱实践，不在意独立、深刻的思考。在《论美国的民主》的这一部分，托克维尔对理论颇有褒赏，虽说这在本书其他地方都不太明显，但从未缺席。在大多数情况下，他只是叙述理论，随后或褒或贬说上几句，但在此处，他索性以民主导师的身份提出了建议。

托克维尔随后注意到，美国人在培养技艺时虽然并非对美视而不见，却更偏爱实用而非美感，并且希望美的事物同时也能有用。但他随后评论了美国人的制造精神，表达了一个不太明显的观点。与贵族时代旨在制造尽可能完美的产品的生产技艺不同，美国人生产的产品基本上都属平庸，但每个人都能够拥有那些产品。这是一种节俭而理性的平庸态度，他们的格言是“够用就行”，而且他们发现，薄利多销可以致富。然而，或许会有人问，如果美国人并不认为既然做了就要做好，那么他们又是如何完善产品的呢？要想提高产品质量，即使平庸的产品也需要用最好的产品作为榜样。托克维尔赞美了拉斐尔的绘画，他似乎认为这位文艺复兴时期的画家是个贵族，因为他的作品让我们“得以瞥见神性”。这样的神性超越了人类的完善，又启发了人类走向完善，这是民主的进步所必需的，但神性又不太可能出现在民主的时代。

在这里，托克维尔提出了在民主制度中伟大存在于何处的问题。在民主制度中，个人是弱小的，但国家或民族是伟大的。私人可以生活在小型居所中，但他们通过公共的纪念性建筑物来想象和表露出对伟大的向往。美国人为自己建造了一座巨大的人造城市（华盛顿特区），在托克维尔的时代，那里的人口不比法国的一个小镇多到哪去，因为民主国家一般会建造很多的小型公共纪念性建筑物和区区几座大型建筑物，不会建造中型建筑物。在民主制度中，伟大是一个体现着宏大想象的工程，在接下来的章节里，托克维尔讨论了各种形式的民主言论，尤其关注其特有的夸张和自大。这些都是民主知识分子自我表达的方式。

在文学界，民主的作家鄙视贵族制度所看重的风格的形式特质。民主的文风艺术性较弱，却更大胆和强烈；不够精深广博，却有着更强的想象力和表现力；他们力图惊世骇俗而非愉悦读者，充满激情而非品位不凡。伟大的作家凤毛麟角，思想贩子却成千上万。古代作家们苛求细节，其作品需要有眼光才能读懂，民主社会已经不再去深入研究他们的作品了，因为这里的教育更注重科学、商业和工业，而不是文学——但托克维尔补充说，这些学科对那些希望在文学上有所建树的民主主义者倒是一种"有益的膳食"。民主的民族的语言反映了他们对动态和创新的渴望，对任何传统和专制的厌恶，以及对抽象的热爱。民主社会的诗歌对古老的和描述理想的一切都有一种本能的厌恶。相反，它展开双臂迎接未来，追求宏大的目标，如全人类的命运。与贵族社会相比，民主社会的演说往往言过其实，民主社会的戏剧则一贯"更为振聋发聩、通俗易懂和贴近生活"。

但在讨论言语的章节结束之后毗连的两章内容则揭示了民主社会知识分子共有的那点可怜的自负：如果人人平等，那么人还有多重要？为了回答这个问题，托克维尔对民主制度和贵族制度进行了特别生动的对比。他说，贵族时代的历史学家让某些人的个别意志和一时兴致来决定所有事件的发展走向，但在民主时代，历史学家一般而言几乎不会将历史归因于任何个人的影响，对于特定历史事实，他们会总结出主要的一般原因。托克维尔承认在民主时代，个人的确作用不大，所以一般原因确实能解释更多的东西，但这种解释很危险，因为它们把个人成败交给了僵化的天意或盲目的命运。它们暗示既然人不能主宰自己的命运，那么人也就不是历史事件的主角，继而就是不自由的。民主时代的历史学家看来是下定决心要证明进步不是人类自觉、自愿实现的目标："古代的历史学家教导人们自主，现代的历史学家只教导人们如何服从。"

然而这些历史学家本身倒显得很伟大，像是要抛弃他们描述的一般原因，自满地傲视那些没有意识到推动其前进的力量的其他人类。接下来关于美国的议会辩才的一章看似与历史无关，但实际上论述了同样的观点。贵族议会的成员都是贵族，如果无话可说，他们也无须证明什么，甘愿保持沉默。美国的情况则相反，代表都是无名之辈，时常迫于需要而努力争取并显示自己及其选举人的重要地位，滔滔不绝地发表一些脱离实际的高谈阔论。民主时代的代表们总说**自己**很重要，其在精神上与认为**人**的力量微不足道的民主时代历史学家相抵触。民主时代的人看来拥有一种对荣誉的渴望，这是一种想要生活在贵族时代、作为大人物而备受拥戴的渴望，而他自己对此一无所知。他那善于归纳的头脑整日忙着证明民主制度的优越，与他那个要证明自己杰出的个人头脑并不合拍。

民主个人主义

托克维尔从思想转向"情感"，考察了民主的心灵所特有的感情。其中主要的一种感情是他称之为"个人主义"的无力感。这是个我们如今每天都能听到的词，它有好几个层面的意思，通常用作褒义，比如"吃苦耐劳的个人主义"。托克维尔并不是这个词的首创者，但他却是第一个重视和强调这个词的人。他对这个词的定义不同于"自我中心"或"自私"，那可是被普遍视为道德缺陷的严重自恋。个人主义是一种民主时代的情感，它是反省的、温和的，让每一个公民得以脱离芸芸众生，回归家庭、朋友和自身。这种情感伴随着对平等的热爱，在民主时代这种对平等的热爱总是要比对自由的渴望更加强烈，但究其本身，与其说它是一种激情或一种缺陷，倒不如说是一个错误的评价。那种评价源自民主社会现状，恰恰是泛神论者和民主时代历史学家教导的东西：个人无能为力，需要服从非人性的巨大力量，而公共美德是徒劳无用的。在贵族社会中，等级制度是牢固地连接人与人以及现在与过去的纽带，民主社会则不同，它把所有的人放在同一个层面上，人们抽象而虚弱地把自己的善意延伸到全体人类，但实际上他们只对自己身边的人感兴趣。

美国人没有经历过民主革命，他们的个人主义弱于民主的欧洲各族；用托克维尔的话来说，美国人有巨大的优势，“天生就平等而不是后来才变成平等的”。他们了解自己的个人主义，因而用自由结社和不言而喻的私利这一怪诞的道德教条来与个人主义作“斗争”，这两点他在上卷中都讨论过。社团让人们从个人主义的安逸享乐投入到公共活动中，在促进公益的同时，追求私利、实现抱负。

托克维尔所说的教条还是“不言而喻的私利”。他说，这是美国道德家们为美国人规定的原则，是“一切哲学理论中最符合当代人需要的理论”。它切合人的弱点，通过个人利益来控制个人：“掌握能对激情产生刺激作用的因素，因而能引导激情。”然而不管该原则设计得有多精巧，托克维尔在将民主制度与贵族制度比较之后，仍然表达了他的怀疑态度。在贵族制度下，人们嘴上谈论着美德，私下却在研究它的用处，而在民主制度下，关系反转，美国的道德家们对美德惧而不谈。美德可能需要牺牲，民主道德家们不敢建议人们牺牲，只好引美德存在于私利之中为例，并将其延伸，使之成为一条一般原则。托克维尔没有提到任何美国道德家的姓名，而只引述了蒙田，但说到宣扬不言而喻的私利的美国道德家，最著名的当属本杰明·富兰克林了。富兰克林在《自传》中就示范了如何在出人头地的过程中只是尽力帮助他人，深藏起自己的雄心抱负。

托克维尔在分析中突出了一个微妙的观点，这个观点富兰克林也曾提出，但不是非常醒目。他表示，并不是说在美国，私利需要把自己粉饰为美德——那种虚伪在哪个人类社会都稀松平常，而是在美国，美德需要把自己假托为私利。在民主国家，主张美德就是在众目睽睽之下显示自己比"相似者"强，因而招人嫉恨。托克维尔说，美国人"宁愿将荣耀归于他们的哲学，而非归于他们自己"，也就是说，他们宁愿承认而不是否认自己是为了私利。"将荣耀归于他们的哲学"就意味着让真理生辉。但真理从何而来？显然不是来自个人。私利原则不是来自私利本身，而是来自对于真理的无私追寻。这就是美国人的自相矛盾之处；这其实是在表明他们的行事依据是原则而非利益，不管他们如何否认，这都是在往自己脸上贴金。托克维尔在赞扬美国人践行政治自由时，就与他自己所说的美国人的做法完全相悖：他把荣誉归于美国人，而不是他们的哲学。

不言而喻的私利不但自相矛盾，而且还过于抽象。它暗示了普遍的人类"自我"的存在，这种"自我"永远以同样的方式行事或反应。然而，托克维尔认为，这种据称普遍存在的自我实际上就是民主的灵魂。在讨论不言而喻的私利这一章后面的若干章节中，他再次考察了民主的灵魂所特有的对物质富足的爱好。他的结论是，民主制度产生了一种正当而温和的唯物主义，与其说它会腐蚀灵魂，不如说它会让灵魂变得软弱。美国人的物质生活蒸蒸日上，但他们总是欲求不满且“桀骜难驯”（托克维尔频繁地用到这个词）。他们坚信的“私利”原则无法由人性合理解释，而是由他们生活在其中的民主制度所决定的，并且实际上也并非“不言而喻”。

鉴于美国人典型的桀骜难驯，他们还必须有一些长期的奋斗目标——这就是托克维尔的下一个论题。宗教的任务，是尽可能地把民主主义者从为眼前利益争夺中解放出来，让他们习惯于为未来的某个目标而奋斗。而当民主制度由于热爱物质富足而不再信仰宗教时，这一任务就同时落在了“哲学家和执政者”肩上。必须“尽可能地消除政治世界的随意性”，不是要运用科学方法来预测未来将会发生什么有违人类意愿的事，而是让人们感觉到诚实者的努力终会获得回报。相信机遇主宰世界会让一个民族变得被动而迟钝：或是因为如果你觉得自己不够走运，高尚的牺牲会显得过于冒险；又或是因为你觉得自己足够走运，成功看起来会过于容易。虽说机遇不能也不应该被完全排除在人类生活之外，因为这样做也会把自由一并排除出去，但机遇应该被降低到某种程度，让人们可以理性地相信他们完全能够管好自己的事、支配自己的生活。托克维尔为宗教、哲学和政治三者设定了这样一个单一的指导功能。政府必须教育公民“只有怀有长期愿望，才能获得巨大成功”。思考自己在俗世的未来会让他们不知不觉地恢复对彼世的信仰。虽然美国式的美德被假扮为私利，但只要它持续存在，就可以证明它不是梦想或天降好运，而更是有万事万物的自然秩序作为依据的。如果“伟大的成功”是应得的，那么坚信无限完善的美国信仰就可以摆脱永无休止的焦虑，也可以在恰当的私密范围内得到证实。

然而托克维尔不是一个许诺过多的人，他担心美国的未来会面临一种由实业产生的新的贵族制度。他在这一点上很像卡尔·马克思,预料到因为劳动分工日益细化,限制了工人的视野和能力,民主国家的工人会沦落到只会服从和仰仗他人,把所有规划和思考的事儿都留给工厂主。这种贵族制度会很苛刻无情,因为它把工人看成物件,但它并不危险,因为它不会由某个统治阶级来组织。民主制度——托克维尔并未谈及资本主义——在本质上就会激发人们更多地变迁和追逐机遇。这正是民主国家转向商业的原因,不仅是为了获利,也是为了乐趣。工业危机蕴藏在民主国家的禀性之中,因而是民主国家所特有的且无法预测。美德终获回报的美国梦时刻要面对商业复杂性的危险,并受到各种意外因素的影响。

托克维尔在讨论中揭示了两种持久的民主情感,并证明他们本质上都是非理性的:对物质富足的喜好和对平等的热爱。前者始终萦绕不去,后者造就了持续的需求,两者都无法得到满足。两者都会让民主国家的个人变得软弱:前者可以让灵魂衰弱无力,后者可以消灭所有的权威,让人们服从正统。然而美国人践行政治自由并将公益和私利集于一身,这表明他们严肃对待自己作为其中一分子的那个整体,而并非仅仅是每个人自成一体。他们用自己的行为驳斥了"个人主义"而丝毫没有意识到自己的美德,或者说没有意识到他们最好还是承认和宣扬自己的美德。托克维尔的建议与他们的道德家相反,意在帮助他们正确理解自己的私利。

平等的民情

托克维尔从思想谈到了情感,继而谈到了民情,每一个话题都是下一个话题的灵感来源——民情是由思想所建议、由情感所激励的行为。在这部精彩著作的这一部分，他考察了民主制度如何应对顽固的不平等，后者似乎是自然（这个词频繁出现）要故意与之作对而预设的。在民主制度下，主仆之间的关系是怎样的？男人相对于女人的明显优势又是怎样的？因希冀与众不同而渴望荣誉之人呢？对每一种情况，民主制度都尽其所能地夷平了种种不平等，尽量让它们无伤大雅，让它们显得不那么严苛、不那么跋扈、不那么可憎。民主并没有成功地消灭不平等，但给予了它重重一击，提醒所有人，在与不平等妥协的表象之下，存在着人类平等这一基本事实。与此同时，即使民主致力于平等事业，它仍然以自己的方式证明了这些不平等存在的合理性，因而它似乎承认平等只能到此为止，也承认人类的不平等同样是一个基本事实。

托克维尔还是以他惯常的对比开始讨论，宣称随着社会生活越来越平等，民情也变得比贵族制时代更加温和文雅。他引用了17世纪的贵族塞维涅夫人[①]和女儿的通信来证明这一观点，这是全书最令人震惊的段落之一。塞维涅夫人在信中跟女儿闲话家常时，快活地聊到当局镇压了一群纳税人的叛乱，领导叛乱的人被严刑拷打，处以绞刑，余者——“一大群倒霉的人”——被驱离家园。托克维尔对此评论道：“塞维涅夫人对贵族圈子以外的人的苦难一无所知。”谁要是认为托克维尔对贵族制度过于赞同，真应该读读这一段。民主的同情心减弱了民主的私利心，当然属于不言而喻的私利的一部分。但从民主主义者对待奴隶和在战争中对待敌人的方式可以看出，当他们自己没有亲身经历苦难、当他们不把其他人当作“相似者”之时，他

① 塞维涅夫人（1626—1696），法国书信作家。其尺牍生动风趣，反映了路易十四时代法国的社会风貌，被奉为法国文学的瑰宝。

们同样会对苦难视而不见。

贵族社会中的主仆永远是不平等的，但在民主社会，这种关系只是暂时的，因为他们只是契约上的不平等，而不是阶级或出身的不平等。因此，贵族的仆人呈现出他主人的个性，他的尊严源自主人，他的态度也同样傲慢，有时更甚。民主时代的仆人没有这种骄傲的奴性倾向；他的尊严存在于他与主人在契约限定之外所共享的平等，在这种情况下，主仆是“两个公民，两个人”。但他们又是哪一种平等——是作为公民的平等，还是作为人的平等？

托克维尔说，尽管在舆论看来两者之间存在着明显的距离，他们的地位却被拉近了，这“在他们之间创造出一种假想的平等”。看来民主制度并不符合自然规律；民主主义者主张的自然的平等需要舆论的推动，舆论断言人生而平等，无论其地位如何。主人和仆人是两个公民，他们只想做两个一般意义上的人，自然的平等本身并不足以保证这一点，还需要旨在实现自然平等的公民契约。民主的平等是可能的，因为民主的舆论说它是可能的。我们经常看到在公民社会，某种政治真理会在关于某种关系的讨论中浮现出来：真正的自由主义理论提出的社会契约使得统治者和服从者之间有了差别，但这种社会契约并非自然状态下的平等个体所达成的共识，而是由公民创造的，舆论宣称那些公民都是彼此平等的人。托克维尔版本的社会契约没有创造社会，而是源自社会，且这种契约并没有假设人性的平等，而是试图维持并在某种程度上建立这种平等。

同样的社会契约政治版，对真正的自由主义版本做出了同样修正的版本，出现在托克维尔关于美国女性的著名论述中。托克维尔以前的自由理论谈及“人权”，指的是抽离性别的人类。

在我们的时代，这种理论因为过于抽象，忽视传统的、假托为自然的男女性别不平等而屡遭攻击。托克维尔以前的自由主义者们关于不平等没有什么可说，往往看似认为那是理所当然的。托克维尔纠正了这种轻忽的态度，他用五章的篇幅讨论了美国的女性，高度赞扬她们的美德和善行。他说，没有哪个自由社会可以缺少民情，而女人产生了民情。男人批准法律，但民情比法律更重要。在他看来，有关美国女性的一切都“与政治息息相关”。

问题在于，托克维尔赞扬美国女性远离政治，放弃职业——如今大多数美国女性对此恨之入骨。但我们不该仅仅因为结论令人不快而将推理过程也一起摒除。在关于女性的讨论中，我们可以对托克维尔的新式自由主义有更多的了解。

民主制度对家庭的影响就是摧毁贵族制意义上的父权，这是真正的“父权”，远远超出了我们今天使用这一词语的含义。民主制度使得父亲和子女变得平等，消除了年龄和性别的自然差异，然而其结果却是强化了家庭内部的天然纽带，即使强权消失了也是如此。年轻的女孩摆脱了父亲的保护性控制，学会了自行管理，控制自己的情感，培养自己的判断力；她们很快就不再天真无邪（哲学家可比她们天真多了），而且学会了“应对一切的初步知识”。托克维尔此话令人难忘：“与其说她们有高尚的精神，不如说她们有纯洁的情操。”她们通过观察世界——男人的世界——来获得民情的教育，因而获得了男子的教育，用以取代她们缺失的父权。托克维尔认为，男子气概不单是一种男性品质。

而女人嫁人之后就进入了婚姻，托克维尔尤其强调了婚姻的道德和家庭“纽带”。他说，在美国，女人与男人的命运完全不同,因此她们必须放弃女孩的轻松自由,在无尽的家务和约束中寻找幸福。但美国女性勇敢地承受婚姻束缚之苦,因为她们自愿选择接受婚姻。托克维尔强调了她们的选择——如今我们用这个词来指代一种完全不同的女性生活,她们不但可以离开家庭追求事业或寻找工作,而且受到邀请和鼓励这样做。在托克维尔看来,选择并不是要逃离女人的独特命运,而是选择做谁的妻子并与他共同生活;女人在大多数情况下都会结婚,但她可以选择丈夫,而不必接受父亲为她选择的对象。托克维尔在这里描述了一种我们如今视为理所当然的选择,让我们知道,自由选择需要明智的头脑。因为当时离婚很罕见,女人不能自由地犯错和改正;她必须谨慎和负责。男人不必因为被某个女人吸引而选择她作为妻子,但婚姻是女人的选择:或许直到今天,我们仍然能够看到男女对待婚姻的方式存在着这种差异。

为了做出选择,走进婚姻生活,女人可以自由地运用自己的理智并借助于宗教;托克维尔在讨论女性时,跟全书其他各处一样,理性和宗教始终协力合作。他在上卷中曾说过,宗教像君主一般统治着女性的灵魂,但他在这里又说,理性也有着同样的支配权。部分由于新教在美国的影响,部分由于妇女所受的世俗教育,那里的宗教没有把妇女禁锢在依赖父亲、丈夫和神职人员的盲目轻信状态。美国的妇女尽管生活在婚姻的"羁绊"中,她们却是独立的,通过选择和理性,而不是服从于宗教权威,践行了托克维尔所谓的"美德",也就是如今所谓的"家庭观念"。

在美国,妇女认为婚姻需要一个首领,而"夫妻这个小团体的天然首领就是丈夫"。那里的"妇德最好的女人"以"自愿放弃自己的意志"(她们是这么**说**的)为荣,并因此受到尊重,而在欧洲,妇女虽然拥有更多的权力(甚至把持着一个"专制帝国"),

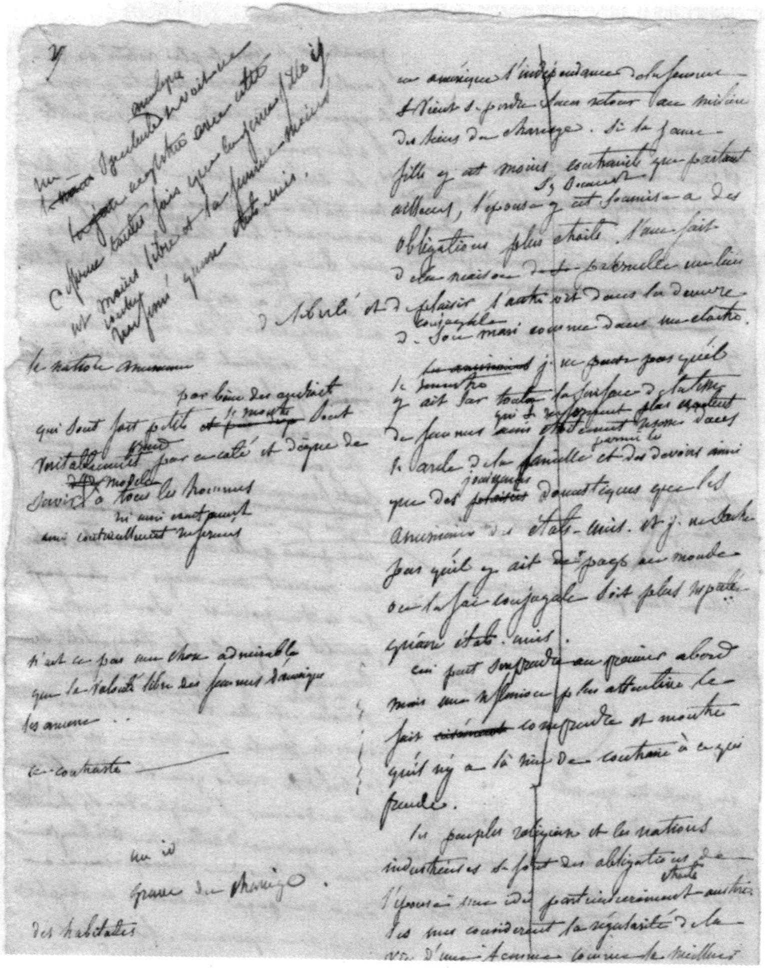

图 7　托克维尔《论美国的民主》原书手稿中的一页。这一页的内容是关于美国女性的讨论，出自下卷中题为“年轻女孩怎样习得为妻之道”的一章

却被看作必须引诱男人才能得到想要的东西的软弱生物。这种“重大的男女不平等”至今似乎一直“是以自然法则为永恒基础的”，托克维尔并没有挑战这种不平等。他只是赞同这种不平等

在美国的表现形式——或者说是他声称他在美国看到的表现形式——并掷地有声地说："要是有人问我在我看来这个国家的惊人繁荣和国力蒸蒸日上主要应当归功于什么，我将回答说：应当归功于它的妇女如此优秀。"这是怎样的赞美！他没有说美国的妇女是优于其他国家的妇女还是优于美国的男人；也许比后两者都优秀。

如今的美国妇女，只要她们还渴望事业有成，渴望自身地位有所提高，则无疑乐于摒绝托克维尔对其美德的赞扬，从某种意义上说，这种美德现在几乎绝迹了。但我们不应忽视其哲学意义。民主制度主张人民主权，我们已经看到，它需要人拥有主权。然而人无法摆脱必然或命运，人的主权要求人的选择显得能够适应那些看似可能会限制或奴役人的外部力量。托克维尔描绘了一幅优美的甚或有些夸张的场景——与其说它是**真实**场景，不如说**应该**如此——来赋予美国妇女一项任务，即选择有尊严地接受必然。他反对自由主义理论的社会契约，认为它忽视了人们群居的必然性，企图让它看似一种选择，仿佛人能够做出任何自由选择一样。作为社会契约的替代品，托克维尔提出了婚姻契约，并以美国妇女的言行为例，说明婚姻契约是如何起作用的。

人的伟大和民主的专制

在他关于民主的杰作的结尾，托克维尔揭示了民主制度所天然倾向的政治之恶，这是他在书中反复表达的他最担心的情况，即民主的平等会压倒民主的自由。在这里，他称这种恶为"温和的专制"；在别处，他称之为民主的专制或行政专制。这是一种魅惑而非胁迫的恶，它柔软、被动，甚至会显得仁慈；它替代了多数暴政（上卷）而成为托克维尔最害怕的东西，后者是严苛的、压迫性的，以奴役的形式出现。从他在本书上卷对舆论的暧昧权力的描述中，我们就已经看到了温和专制的萌芽，但在下卷中，我们看到它具体表现在集权的民主国家中。

温和的专制并非不可避免，在民主制度下也并非没有遭到反对。人性中就存在着与它对抗的力量，在本书最后一部分的开篇，托克维尔论证了平等**天然地**让人们更加爱好自由的制度而非专制。他说，平等让人们彼此独立，因而怀疑权威，倾向于不遵循任何人的意愿而坚持自己的主张。平等启迪了某种倔强任性，某种固执的“别想爬到我头上来”的态度，它让人想起柏拉图所说的灵魂中意气风发的那个部分（血性），也有益于民主制度对自由的坚持。倔强任性看起来或许与美国人的结社倾向相悖，事实上也的确会如此，但当人们看到完成某一项使命是有用和有尊严的，其消极拒绝合作的态度就能转变为可靠负责的态度。今天的人们或许会说，美国人普遍对权威持敌对的态度，如此便难以管理，而在特定的场合，他们也会有着一种相反的“可为”（can do）的精神。

虽说人性的难以驾驭使得任何政府的管理都不容易，民主制度却有着天然的反方向的倾向，会让治理变得更容易、更愉悦。托克维尔的《论美国的民主》最后一部分的主题，就是他担心人们会丧失那种对于自由制度的偏爱。我们知道，民主主义者欣然成为个人主义的牺牲品，这是一种让人丧失活力的软弱感，把公民变成只关心个人生活的孤立的个体。当他们这样做时，只剩下国家作为公众唯一可见的永久代表，而个人一旦培养出让国家处理一切公共事务的天然倾向，也就脱离了社团。作为彼此平等的人，他们本能地倾向于骄傲和独立，但作为个体，他们却必须忍受独立带来的软弱感和孤立感。因此,他们厌恶本地的政治和社会活动,无动于衷地服从国家的“强大存在”(托克维尔曾在前文中用这个词来形容泛神论的神灵)。

尽管每一个民主的民族都倾向于依赖国家,但国家本身则热爱平等,并尽其所能地扩大平等的范围。现代国家源自欧洲的君主政体,它们奉行与人民结盟反对贵族的政策,逐渐把人民从贵族政府中移除,转向国家的中央集权。法国大革命期间,民主制度取代了君主制度,国家一如往常,继续独揽一切行政大权,它对社团产生了新的敌意,取代了君主对贵族的嫉妒。因此,集权国家热爱其民主公民所热爱的平等,并恨其所恨;两者互相配合补充。国家不断巩固权力;人民持续失去权力。

如此一来,民主国家不得不害怕的专制就是那种温和的专制。这种专制远没有让它们的期望落空,而是让最糟的期望变成了现实。民主制度中最糟的期望是放弃让人保持独立的骄傲和丧失自由,从而无须启用酷刑、无须挑起人们的反对,甚至让人们对自己失去的东西毫无察觉,便可降低其地位。人民变成“无数相似和平等的人……整日汲汲于小小的庸俗的享乐,用它们填充灵魂”。每个人都“离群索居”,“独自生存且只为自己而生存”。在这样的一群人之上“耸立着一个权力极大的监护性当局”,像校长或监护人一样对他们负责,不让他们——托克维尔极尽嘲讽地说——“开动脑筋和操劳生计”。远在尼采之前,托克维尔便称他们是“一群胆怯而又很会干活的牲畜,而政府就是那牧羊人”。

在这种情况下,一个民主的民族会觉得它既需要自由,也需要有人引导,还自我安慰说,引导他们的是他们自己选出的领袖。他们在参加选举时暂时放弃了从属性,其后便又回到这个状态。“这对我可不够”，托克维尔以自己的名义自豪地说。

托克维尔承认，某些意外的事实会增强或减弱政府中央集权的推动力——例如，美国没有发生过民主革命。因为美国不必发动一场反对贵族制度的民主革命——生而如此，不必后天努力——就能够更自由地借鉴贵族制度来支持自己的自由。托克维尔在全书临近结束时，提到了民主的各民族需要警惕的平等的三个特点。首先是已经讨论过的形式的作用，民主国家并不完全理解这一点，还对其不无鄙视。第二个民主的本能同样是与生俱来并且据称非常危险，那就是对个人的权利不屑，为社会的利益和权力而牺牲个人权利。作为一个自由主义者，托克维尔说，“自由和人之伟大的真正友人们”必须时刻警惕，确保个人权利不致轻易被献祭给社会的总体设计。这样做实际上对社会有害，因为它质疑了权利的支持者才是社会存在的基础。

与这两个担心相关，托克维尔又提到了他对民主社会中的革命的关注，这种关注或许更是针对欧洲而非美国。既然民主制度热爱变化，革命就可能变成一种习惯，甚至在政府政策中被合法化。他并不否认革命有时是真诚而正当的，但他认为在民主时代，革命是一种特别危险的疗法。他此前谈到过为什么大规模革命——例如反对民主的革命——会越来越少，说比起民主国家中日益盛行的中产阶级暴动，他更担心那里会陷入一片死寂。但民主国家的死寂与庸众的野心和争夺物质享乐这种普遍存在的低层次骚动并不矛盾。

如何来矫正民主的个人主义、民主的庸众和民主的冷漠？在上文引用的托克维尔特别尊称的那个称谓中，这个问题的答案呼之欲出：“自由和人之伟大的真正友人们”。这是自由和人之伟大的携手合作。起初，人们会想到在一个经典的混合政体中把民主的自由与贵族制度的伟大混合在一起。但《论美国的民主》一书从头到尾，特别是在结尾，托克维尔一直主张民主制度应该保持下去，没有可能"重建贵族社会"，人们必须表现出自己是平等的朋友，并将纯粹的民主制度作为"第一原则和信念"。所以他在此处没有诉诸伟人，没有以"少数人的伟大"来启迪民主。他没有召唤那些他曾经赞美过的美国建国者，他称之为贵族党派的联邦党人。他反而说，尽管人们不会再建立新的贵族制度，他却认为"普通公民通过彼此联合，可以组成一些十分富裕、有影响力的强大组织——简言之，具有贵族性质的组织"。

普通公民的自由结社产生了民主制度中的贵族。他们是这个制度里的贵族成员；他们践行了自己的自由，并在此过程中支持自由、捍卫自由、彰显自由。他们在结社的行动中做出了牺牲并承担了公众野心的风险，这些风险是仅在商业组织中联合的人们无须承担的。虽说普通的公民的确能在政治中有所收获，他们得到的回报与其说是金钱收益，不如说是一种自豪感。美国人当然是平民，他们像托克维尔描述的那样，一刻不停地渴望获益，但当他们自由结社时，他们的灵魂就被注入了某种高贵的东西。这就是民主制度对那些指责其冷漠和平庸之人的回应，称不上面面俱到，但也算铿锵有力。

因此，自由和人之伟大的真正友人们必须做好准备去防范的危险就是"社会权力"会为了实现某一个社会目标，若无其事地牺牲个人的权利。"没有哪个公民默默无闻到他人可以毫无顾忌地对之施以压迫。"而托克维尔在这里引述的保护默默无闻的公民的主要方法当属出版自由和司法权。他曾在本书前文中表达过对出版自由的慎重赞美，在这里则进一步肯定其重要性：出版自由"在民主国家要比在其他国家远为珍贵"。出版自由让个人得以与同胞交流，从而不再默默无闻。司法制度的任务是在默默无闻的公民觉得受到压迫时，聆听他们的诉求。我们在这里可以看到在民主社会中有一个身份不明的无名贵族致力于支持个人的权利，或许他所反对的正是政府中那些更严格意义上的民主要素，即代表着“社会权力”的立法和行政部门。

在民主时代，“立法者的首要目标”是为“广泛，但可见且固定的”社会权力设置界限。“立法者”看似高于立法机构，或许是一个像托克维尔本人那样的政治学家。对于这样的角色来说，为社会权力设置界限包括制定宪法，但似乎也包括捍卫民主，反对提升针对个人的社会权力的思潮。尽管托克维尔早期一直主张社会现状是民主制度的基本原因，但他现在认为民主社会现状可能产生对它本身构成威胁的“两个相反但同样致命的观念”。第一，民主制度不过是些无政府主义倾向；持此观念的人事实上是惧怕自己的自由意志，“惧怕他们自己”。第二，民主制度必然导致奴役，这种观念的支持者对继续保持自由完全没有信心，暗自倾慕他们认为不可避免的专制。

托克维尔只是坦白地陈述这两种观点，没有指名道姓，也没有流露出蛛丝马迹让读者猜出他说的是谁。他和往常一样更注重结果而非内容。然而他还是在这部伟大著作的结尾谴责了在美国看到的这两个置民主制度于危险之中的“错误而消极的观念”。他以更接近于亚里士多德而不是他那些自由主义前辈的风格宣告：上帝创造的人类既非“完全独立”，也不“完全是奴隶”。

第五章
理性主义行政

托克维尔的第二部伟大著作《旧制度与大革命》出版于1856年。他在这本书中考察了法国君主制这一“旧制度”，但未谈及大革命，到1859年他去世之时，这本书尚未完成。他以法国大革命为着眼点来研究旧制度——因为它替大革命铺平了道路。旧制度实施的是理性主义行政制度（我们或许可以称之为精英政府），在20个世代的时间里渐次走向了自我毁灭。在托克维尔的概念里，理性主义行政是民主制度的对立面，也就是我们在《论美国的民主》一书中看到的集权管理。

在这本后期的著作中，托克维尔详细论述了大政府的含义和执政手段。他揭示了它不仅是民主制度的敌人们唤起的一幅可怕的未来场景，而且是真实发生在法国的历史事实。法国的君主政体从未打算建立一个民主国家，但它却完成了民主制度的任务。法国的几位国王及其伟大的大臣黎塞留和马扎然枢机主教通过逐渐废除贵族成员掌管各自领地事务的封建制度，先是铲除了所有公民之间的差别，继而在一个中央集权现代国家的非封建等级阶层中重新安排他们的地位：如今的法国人就生活在这样一个等级阶序中——所有民主国家的人民均是如此，只是程度不同而已。

1789年发生在法国的民主革命是历代法国国王的政策和不

作为的法国贵族始料未及的重大后果，两者合力使法国走向了现代化，但这并非其本意。法国的民主制度是君主制凭借其本身的基本策略——与反对贵族的人民结盟——在突然发生的暴力革命中走向毁灭。它的政治策略与“文人们”通过理性主义行政来实施改革的计划日渐谋合。这些崇尚理论的改革者本质上都是厌恶政治的人，但他们赞成君主制，视之为改革依赖的手段，而拒绝民主制度，称其庸俗、无知、反对改革。因此，民主制度是君主制和改革者这两股力量结盟造就的结果，两者都反对民主，让它们联合起来的只是对贵族制度共同的敌意。反对充满特权和偏见的封建制度这一人类理性的伟大进步——哲学家黑格尔将其诠释为人对自身主权思想的终极主张——其发生竟纯属意外，是各方都没有预见到的结果。这就是托克维尔在《旧制度与大革命》中震惊四座的精彩论调。

托克维尔在 1850 年底致友人路易·凯尔戈莱的信中，首次提到了撰写这本书的想法，说它是对“法国大革命这出长剧”的研究。两年后，他谈到自己 1842 年在法兰西学术院的演讲中，抨击拿破仑的影响是世界历史上“最全面的专制”，同时也谴责了大革命背后的抽象观念。这两点表明了他即将探究的大革命的结果和起源。更早的 1836 年，当他还沉浸在《论美国的民主》上卷出版带来的成功中时，就曾应约翰·斯图尔特·密尔之邀，写了一篇关于 1789 年之前和之后的法国的文章，发表在密尔主编的《伦敦和威斯敏斯特评论》上。从 1850 年最初构想此书，他逐渐转移关注焦点，从拿破仑回溯到（大革命之后的）督政府时期，再到旧制度，并最终于 1853 年 8 月选定了后者。

托克维尔于 1852 年 1 月着手写作前的准备工作，开始阅读回忆录并记录笔记。1853 年 6 月，他觉得有必要查阅旧制度的档案，就在图尔市[1]花了一年的时间仔细研究主要官员——总督（Intendants）——执政期间的记录。最终写成的《旧制度与大革命》文笔优雅、气势恢宏，几乎完全掩盖了背后那些阅读书籍和时事刊物、在尘封的档案中挖掘历史的辛劳。罗伯特·甘尼特在《揭秘托克维尔》（2003）这部杰作中，向我们展示了托克维尔为写作收集的论据，议论了他的"隐秘模式"。托克维尔的很多注释和引文主要用作例证，往往不标记出处。同时，他还经常提醒读者注意他所做的研究，那口气几乎是在自夸，仿佛是在挑战读者，看有谁敢在无人指引的情况下自行探究一番。

托克维尔在开篇称这部著作为"研究"。但这是哪一种研究呢？与《论美国的民主》相比，它是更直接的历史研究，《论美国的民主》开篇便讨论"天意命定的事实"，即朝着越来越民主的方向发展的上升趋势，其论证的前提是人们可以实实在在地在美国看到民主的形象。在该书的末尾，托克维尔提出了温和专制的幽灵，但那是从人民的立场上来展现，解释了他们为什么会欢迎大政府令人窒息的拥抱，还描述了美国人针对它所践行的补救措施。他因而宣称，无论民主有何缺点，他都负责任地接受民主；他断言在民主的时代，没有其他道路可走，此外民主制度也显得比贵族制度更加公正。《旧制度与大革命》则是从国王和贵族的立场审视同样的专制，这一次他称之为"民主的专制"。国王和贵族们促成了一个双方都不想要的民主制度，伴随着一场任何人都毫无准备的革命带来的恐怖暴力加诸其身。本书着重哀叹了贵族制度的失败，最终形成了这样一个"国家"，其公民思想矛盾、行为混乱，充满了愤怒或恐惧。这本著作详述了国王

[1] 法国中西部的一座古老城市，濒临卢瓦尔河。

们战略上的贪婪和贵族们毫无作为的克制，而法国社会只有上述两方的腐败乱政和得意自满未曾触及的那些领域，还有些值得他赞扬的东西。

这两部著作都是向法国及全体人类提供建议，在这个意义上，它们都是政治文本；但在《旧制度与大革命》中，作者满怀义愤，丝毫没有体现出《论美国的民主》中非凡的冷静客观。与其说他对大革命满腔怒火，不如说他对其所取代的旧君主制度切齿愤盈，而与其说他怒君主制度之不争，不如说他痛恨君主制和革命在拿破仑专制时期的双双登场。只要看到拿破仑统治的结果是他的侄子路易·拿破仑所建帝国的世俗平庸，便可得出这一结论。

《旧制度与大革命》被巧妙地称为"政治史"，因为它将政治评判和历史结合起来，既避免了论争，也没有将科学的客观性贬得一文不值。但这些只是形式上的差别，并非本质差异。在《论美国的民主》中，托克维尔表达了对政治自由要求的深切关注，《旧制度与大革命》当视为将同样的关怀和忧虑倾注在法国。虽然在前一本书中，他开头便讨论了民主的趋势乃天意使然，不管其是否对自由有利，但在本书的前言中，他承认自己为自由激烈辩护，也为捍卫自由而支持它所释放的那些更加高尚和强烈的激情。在本书正文中，他的研究解释了他何以如此热爱自由，因为事实证明，政治和自由是密不可分的，在君主制度下丧失了政治自由必然会导致法国彻底丧失自由。在《旧制度与大革命》一书中，他论述了两个在《论美国的民主》中未能全面展开的政治学观点：一是政治自由的贵族根源，一是理性主义行政对自由的危险。但我们还是先来看看《旧制度与大革命》的主要历史课题是什么。

大革命的延续

法国的革命者认为自己完成了与过去的彻底决裂。他们试图把自己国家的命运切割成互不相干的两段，1789 年之前和 1789 年之后，并相信他们成功地做到了这一点。与其背道而驰的反革命主义者竟然也持有同样的信念。在《旧制度与大革命》中，托克维尔自始至终选用埃德蒙·柏克的观点来突出自己的见解，这位伟大的英国政治家和哲学家认为，法国大革命是史上"第一次彻底的革命"。这是一场情感、风俗和道德见解的革命，"甚至触及人类精神的建构"。托克维尔反对革命正反双方达成的共识，他主张大革命的起源是它即将毁灭的社会，它是法国君主制的旧制度的杰作，后者一直倾向于故意而又大体上无知无觉地自我毁灭。大革命不仅发生于 1789 年巴士底狱的陷落；早在 1439（或 1444）年查理七世未经贵族同意便下令征收新税时，大革命便已开始。

但托克维尔并不否认发生了巨大的变化。他否认的是这场大革命的发生是人类意图支配的，认为它既没有顺应革命者的意志，也没有违背反对者的意愿。在《论美国的民主》中，他谴责了民主历史学家否认人类意图对历史发展的作用，但关于民主的到来，他们的见解倒是正确的。书名"旧制度与大革命"体现了变化之巨，却没有言明这是**法国的**大革命。（托克维尔担心书名的问题，看来就在出版之前临时删去或同意删去了这个形容词。）他同意如柏克所说，大革命是彻底的，并且像美国革命一样，被宣扬到其他国家，得到了全人类的关注。大革命不会反复发生，也不会被未来的革命所抵消，实际上，它原本就是为了完成此前所有的革命，那些革命均不彻底，因而需要更加深入的革

图8 英国政治家和哲学家埃德蒙·柏克。在《旧制度与大革命》中，托克维尔把柏克和自己对法国大革命的分析进行了对比

命才能重建往日的荣光。他所主张的是，这一巨变已经延续了好几个世纪；它是新的革命，但不是最近才发生的，因而不该令人觉得突然。在他的书中，托克维尔列举了促成大革命的行动，但它们的整体意义却没有引起所有人的注意。1789 年后，其意义又被革命者的自吹自擂及其敌人的公开谴责掩盖了。

能够从震惊中恢复过来的大革命的评论者们大都认为，发动革命本是为了摧毁宗教、引发混乱或至少削弱政治权力。柏克就是这种观点的一个突出代表，他集中火力攻击大革命发起者们的无神论思想，认为他们消除了人们对神灵的信仰而彻底改变了人类，从而否定了政府的神授权力，削弱了政府。在托克维尔看来，这是错把一次意外当成了根本性的原因。教会或许是旧制度中最有权力的部分；它妨碍了改革，为了建立一个新秩序来替代旧制度，就必须对它进行制度和信仰两方面的攻击。这种新秩序——而不是摧毁教会——才是根本目标，并且新秩序一定要比旧秩序更强大，而不是更虚弱。法国无意将自己撕成碎片，事实上，它后来还组建了前所未有的强大军队，也造就了一种全新的、信仰“至高存在”（Supreme Being）的革命性宗教，它希望这种宗教比基督教更加权威。托克维尔在本书后面部分说，法国大革命要比此前任何其他事件更像是“宗教改革”，它满心指望自己也能够得到像基督教提供给旧制度那样的支持，最好还能收获更大的热情。就像在《论美国的民主》中一样，托克维尔希望读者明白，宗教和自由之间不存在必然的对抗，甚至在人为的宗教和大革命所带来的虚假自由之间也是如此。

至于为什么法国大革命是第一次攻击旧制度，并以一种新宗教自居的革命，托克维尔并未直接言明。显然，它的思想依据更易被更多的人接受，以至于在某一特定的节点，这个理论看似可行。作为超过了此前所有革命的一次彻底的革命，法国大革命所依凭的观念并不比此前的任何革命思想更加真实，而只是突然看来可行，而旧制度却突然间难以为继了。旧制度是封建制度，托克维尔会说，封建制度经过一段时间的发展，看起来就不再是个能够维持运转的稳定连贯的整体。如今美国人或许会说，它在那个时间点上就不再实用了。托克维尔在他的政治史中反对革命思想家们试图在实践前先行制定理论。他并不试图评判支持和攻击封建制度的两方意见谁对谁错，而是考察了封建制度能否构成一个整体，成为某种观念、某种合乎理性的理论的主体。正如他曾在第一部著作中通过研究美国人的实践发现了民主的形象，在这部著作中，他也考察了旧制度的实践，为的是看看它是否连贯。

起初，封建制度是由孤立生存的野蛮部落组成的无序状态，但随后出现了独特的日耳曼法；该法律并非源自罗马法系，而是一种独创，形成了“由各部分组成的一个整体”，它们之间就像现代法典那样联系密切，是供半野蛮的社会使用的圣人法。托克维尔没有说明封建制度中精心设计的特权和责任等级是如何产生的；他只是说，该法典和等级在全欧各地几乎都一样，没有什么明确的原因，仿佛是随意自生、自然发展而成的。这才是真正的旧制度，而 18 世纪的法国不是，真正的革命所推翻的也正是**这个**。真正的革命是法国君主制的中央集权，也就是人们如今常用的“旧制度”和“法国大革命”这两个术语所表示的基本制度。

何为中央集权？考察一下前文提及的查理七世采取的第一步，我们就可以看到国王在未经贵族同意的情况下获得了征税的权力，作为交换，对贵族免征税赋。托克维尔说，出于贪婪，贵族把自己的政治权力出卖给了国王。但除此以外，国王一方有着“让每一个政府都希望自行领导一切事务的本能，无论政府的行为主体是什么，这种本能始终存在”。这一动机超越了贪婪的偶然性，因为它永远在引诱任何政府从产生于政府之外的任何社团中攫取权力。若干个世纪以来，贵族在君主面前节节败退，不断丧失被征求意见和统治其领地的权力，而君主逐渐学会了通过总督来治理国家，总督是国王的代理人，是受国王的大臣们从中央指挥的行政官员。

总督变成了旧制度特有的官员（此时它已经变成了旧制度），他们是择优选拔出来的，并发展出一套“创造一千种控制手段”的技能。他们来自中产阶级，因为贵族不屑于如此低级和从属的境遇，宁愿在朝廷上为争得国王的欢心而勾心斗角。总督们对其所行之事和努力尝试都保留了仔细的记录，托克维尔在巴黎的档案堆中仔细研究了那些记录。这些行政人员是“新社会的贵族”，他称呼他们为公务员（*fonctionnaires*）。和现代官僚一样（他在注释中写了一句话贬低那个“现代套话”），他们偏爱统计数字和会计账目。为显示自己的人性，他们从满是数据的纸堆里抬起眼睛，抱怨农民懒惰倔强，那些农民几乎从不听从他们的建议或接受他们的指导。18 世纪，他们甚至还曾染上了某种狄德罗式和卢梭式的“虚假的多愁善感”，此举试图缓解那种整日淹没在账目中的枯燥乏味，很像是如今管理心理学治疗中的宣泄。托克维尔讲了一个负责政府慈善项目的总审计长的故事，这个项目负责提供基金，各教区的居民也必须捐献一定的金额来匹配。当他们捐献的金额充足时，总审计长便在分派清单边上写道：**好，表示满意**；而当份额特别巨大时，他写道：**好，表示满意和感动**。

从这件趣事可以看到，旧制度的中央集权制既不严酷也不暴虐。随着它越来越复杂和广泛，它也日益规范、开明和温和。“压迫少，疏导多。”这正是托克维尔在《论美国的民主》中警告过的温和的专制。它亲切宽厚而助益良多，发挥着监护性而非恶意的力量。它假装教给农民们“致富的艺术”，却很少分发有关农业技术的著述。托克维尔认为，这就是法国后来所谓“行政监护”（*la tutelle administrative*）的起源——意指像监护人那样无微不至，像导师一般循循善诱。如今的美国人大概会认为美国农业部发挥着同样的作用。当时的问题（或许现在也一样）在于政府承诺的改进超出了它力所能及，人民因而不再信任政府，新方法原本应有的合理性变得荒谬可笑，所有的法国人都受到监护，被剥夺了自治的好处。在这种情况下，政府常常犹豫不决，失去了勇气；因此，旧制度总是依照僵化的规则管理人民，执法懈怠，又被各种特权和豁免弄得愈发弛惰。

巴黎是这个行政国家的中心，它的主权优势超过了法国其他各地，是中央集权的象征。尽管国王们一直试图遏制这座城市的发展，巴黎的规模还是逐年扩大。随着各省的公共生活和本地自由的消失，巴黎变成了唯一的权力中心，也随之成为风格和品位的裁判者。由于对巴黎的管制不像各省那样束缚手脚，那里的工业规模也在不断增长。大革命一到来，便发生在巴黎，这座都城决定了整个法国的命运——以至于旧的君主制之所以那般突然而猛烈地崩溃，巴黎的主导地位是诸多主要原因之一。

这些就是中央集权制的主要特性。托克维尔坚称，其总体的结果相当于废除了政治而代之以行政管理，这也适时地变成了政府的意图。法国君主的行政管理始于国王们和贵族的贪婪，随后发展成为所有政府共有之本能的结果，最终表现为一场翻天覆地的变化——那确实是政治史上的一场革命，即使没有事先筹划。这种新型政府取代了“天意”；每个人作为个人，而不再是封建制度中的某个阶级的一员，跟政府建立直接的关系。它们很像是当前福利国家的权利，同样是绕过一切中间群体，从政府直接发放到个人手中的权益。这意味着个人只仰赖政府，仿佛向上帝祷告那样，而不再依赖他的家庭或自己在封建阶级中的地位。政府和个人之间没有了“次级权力”，这种次级权力本可以为了捍卫作为某个群体成员的个人——例如贵族或仰仗贵族的农奴——的权利和特权，而与中央权力机构抗衡。没有像托克维尔在美国看到的那种社团，通过对权力机构加以制约来行使相当于贵族制中的贵族的功能，奇怪的是，这种制约关系竟有点像中世纪的封建秩序，其中国王的权力受到限制，暴政也能够有效预防。

随着君主制度的发展，法国的贵族日渐衰落，他们像国王一样贪婪，却比后者更加短视。起初，贵族们在征税时出卖自己同意征税的权利来换取免税的特权，后来有些税赋是向所有的人征收的，但对贵族仍有所减免。这就造成了这样一种局面：富人们不用交税，因而对他们不再提供帮助的人也就丧失了责任感。与此同时，他们也失去了大量财富，因为国王开始出卖朝廷的官职给他们；贵族们愚蠢地珍视其宫廷生涯的荣誉，认为那比统治属民的快乐和责任更加宝贵。因为需要更多的钱，他们向农奴出售其领地，农奴变成了拥有土地的农民，如此便有责任缴纳贵族免于缴纳的税赋。由于君主制揽下了一切责任，它也总是缺钱，财政上的权宜之计层出不穷。其目的并非通过税赋蓄意削弱贵族的力量，托克维尔说，接下来的政策不是哪一个国王制定的，而是制度使然。但在事实上如此削弱贵族以至于贵族的特权看来像是无本之木，这是毫无理性的行为，因为当大革命到来之际，贵族不但无法自卫，也无力保护君主制。君主制的政策实际上不是个周密的策略，而是让野心和贪婪不受节制，在冷酷的中央集权中成为定规，这看似让政府更加理性，实际上却完全相反。君主制没有意识到，它的反贵族政策会把贵族变成享有特权的世袭阶级，而不是运作良好的上层阶级——托克维尔坚信这是有重大区别的。它没有看到它的政策实际上是民主的，并有可能真正走向民主制度。

托克维尔的讨论是围绕着贵族展开的，但他充分、完整地向我们展示了旧制度的各个方面，对模仿贵族的中产阶级、仇恨贵族的农民，以及不支持贵族的神职人员都评述了一番。他承认法国的贵族尽管腐朽，却仍然保持着骄傲，并且因为有“充满阳刚之气的美德”，他们既不奴颜婢膝，也未沉溺于在他的年代盛行一时的对物质富足的阴柔之爱。贵族们秉持着自古以来对国王的忠诚，能够声称他们的灵魂是自由的——他说，现代的头脑几乎已经无法理解这一事实了。他们表现出一种伟大，但没有政治自由。他们为其效劳的国王并不残酷，反而相当温和；他们为了法国的利益竭尽所能，只有在习焉不察之时才会踩到别人头上。因为对政治自由充满敌意，他们自毁前程，丧失了学习所行之事的机会。

之所以对论证进行这样一番调整，托克维尔是希望即使在批评之后，还能为他的时代留下正面形象的贵族典范，他们足以启迪或羞辱那些让路易·拿破仑掌握了权力的选民。但他也抨击了柏克，后者认为如果法国贵族经历过改革，他们在大革命之时仍然可以独当一面。有人会为柏克辩护，说他的动机和托克维尔一样，是在更高层面上赞扬法国的贵族。柏克认为英国贵族在他的时代仍然存在，而他不想对贵族的生存能力有所非议；他撰写《法国革命论》一书的目的，就是要铲除英国对法国大革命的同情，抑制英国激进分子想要在海峡这一端发起革命的欲望。柏克当然不会想要支持托克维尔关于民主的新世界无法阻挡的看法，他也没有这样做。但于他而言也是同样的情形，一如他的名言所示，“骑士的时代一去不返”，再也回不到那个贵族们挺身而出为玛丽·安托瓦内特[①]辩护的时代了。在他自己的关于托克维尔所叙述的政治史的版本中，或许他的最佳选择就是夸大贵族制度的完美无瑕，就像托克维尔的版本夸大了贵族制度的陈旧过时并否认它能够通过改革获得拯救。柏克的观点可以总结为有限的欣赏，但没有丝毫对往昔的眷恋。

托克维尔在总结自己对旧制度的考察时下了这样一个判断，那就是它并非一个整体，它未能构成一个“国家”。全盛时期的封建秩序建立了一个国家，因为它是一体的，是由各个部分组成的整体。但旧制度形成了一个全然不同的统一体，它没有多样化的组成部分，而是由完全相同的个人所组成。这或许同样不是君主制度的本意，但结果就是如此。它的政策让法国变成了一具“冰冻的尸体”，“整齐划一的一群”“相似者”，各个群体间彼此隔绝孤立。他把这种境况称为“个人主义”，在关于民主制度的那本书中，他也曾用这个概念描述这种情况。他说，旧制

① 玛丽·安托瓦内特（1755—1793），早年为奥地利女大公，后为法国王后。法国大革命爆发后，王室出逃未成，其懦弱行为令不少原本支持王室的民众大感失望，但玛丽·安托瓦内特体现出一位王后的骄傲与尊严。1792年9月21日，路易十六被废，法国宣布废除君主制。安托瓦内特被控犯有叛国罪，于1793年10月16日被交付给革命法庭审判，判处死刑，享年38岁。

度是“一种集体个人主义，它为我们熟悉的真正的个人主义做好了精神上的准备”。

真正的个人主义是民主的，而集体个人主义在为其作准备的过程中，却教会了旧制度下很多小群体中的个人只为自己着想。人们或许会认为，集体个人主义和真正的个人主义两者都处于“单一政府”治下，无论是国王，还是大政府的抽象国家。“单一”的概念让人想起孟德斯鸠的唯一（*un seu*）和马基雅维里的单独（*uno solo*），意指建立了秩序的独裁者或君主。在托克维尔看来，专制是错误的、强加于人的秩序，缺乏条理和连贯性。为了形成一个整体、一个真正意义上的国家，一个民族必须拥有发表言论的政治自由并为其多样化的组成部分赋形。政治自由不是统一体和秩序的敌人，恰恰相反，它是此二者的必要条件。它抗拒统治，但也会用同样的声音要求被统治。错误的统一体是由高高在上者强加于人的，这是民主的大政府和绝对君主制度所共有的特质，它存在着革命的可能性，也理应承担革命的后果。在托克维尔看来，法国大革命既是健康的标志，也是病入膏肓的表现——健康在于它试图形成一个整体，而重疾在于其注定失败。它无疑更是在建立权威而非颠覆权威，但大革命所建立的权威不合理法，因为它没有成功地形成一个整体。

文人

《旧制度与大革命》的最后一部分，也就是第三编，事关最终确定托克维尔如今所谓“大革命”的地点、起源和特征的更具体、更新近的事实。与大革命的根本原因——法国君主制的行政政策——相对，这些事实可以被视为直接诱因。事实证明它们最终只是同一个事实，即自 18 世纪中期以来控制了法国政界的文人，以及他们对贵族、神职人员和国王的影响。他们的核心重要性再次让托克维尔提出了思想观念在政策中发挥何种作用的问题，这个问题看来似乎是《论美国的民主》的核心主题，但在那本书中并没有最终解决。是行动还是写作，这是托克维尔个人生活的问题，而这个问题的答案却受到另一个问题的影响，即写作是不是一种行动方式，某位作者所写下的思想观念是否具有政治影响。在《旧制度与大革命》中，他又回过头来探讨了这个问题。

法国一直是欧洲最有文化的国家，但在大革命之前，法国的文人日渐培养出一种新的政治妄想。法国文人和他们的英国同行一样，并没有参政；他们没有权力或公职。但他们终日埋头于各种政治问题，总是在进行抽象的思考，讨论社会的起源、作为权力机构对立面的公民的根本权利、人与人之间的自然的与人为的关系、风俗的正当性，以及法律的原则等问题。他们都认为，应该把取材于理性和自然法则的简单、基本的规则替换成当时社会盛行的复杂的传统习俗。这些抽象的话题和这个过于简单化的结论表明，他们不但缺乏政治经验，而且还藐视政治，托克维尔对此厌恶不已。

托克维尔并没有通过研究现代政治哲学史来解释这一近因。托克维尔心知肚明，如果这么做，他会发现，力图将政治学过于简化的始作俑者是霍布斯和洛克，笛卡尔也不无贡献，他在《论美国的民主》中就曾引用过笛卡尔的话。相反，他的问题是，为什么这个绝非全新，而是已有三千年历史的观念，会在这个时候浮现在脑海中。作为回答，他引用了文人关于充满不公平特权的社会的看法，这“自然会引导”他们希望根据一个全新的计划重建社会，而这个计划是每个人借助自己的理性提出的。他们没有体验过自由的政治，否则他们会警觉到既有事实的力量足以阻碍最为理想的形式，因为他们看不到没有任何政治自由的现实，也无从知晓他们一无所知的东西。托克维尔似乎是想把文人界充斥的这种愚蠢无知归咎于政治权威，而不是指责文人愚钝无能。

这些文人是谁？托克维尔当然提到了伏尔泰，谈到他欣赏英国的言论自由而不是政治自由。他在这里没有提到卢梭，虽说卢梭像伏尔泰一样有名，而且革命者们引述卢梭的话要多得多——同时他也是托克维尔最喜欢的作家之一。他认为发挥最重要角色的当属“经济学派”，或称重农主义者，他们用愚蠢的妙策不负责任地干预政事，狂热追求平等，对自由却没多大兴趣。他们的领袖是杜尔哥[①]，他不爱管闲事，是个拥有“伟大灵魂”和“罕见天资”的人，这让他鹤立鸡群。但也正是他在1775年愚蠢地建议路易十六，说后者完全可以在选出的议会中给予国家有名无实的自由而无须赋予议会任何实权。经济学派鼓吹“民主的专制”，托克维尔在他的时代所看到的社会主义也是受到了他们的启发。他们把自由作为实现平等或财富等其他好处的手段，在一定程度上导致法国人民丧失了对自由的志趣。“这种崇高的志趣”，托克维尔在专门论述经济学派的那一章中写道，是“伟大心灵”的特权，是与之为敌的“平庸灵魂们”从来都感受不到的。

经济学派最早的前辈出现在17世纪，其中最著名的就是霍布斯，但托克维尔把他们当作新鲜事物来对待。他们的思想或许并不新鲜，但却是最近才切中法国的时弊。他说那些文人的

① 法国18世纪中后期古典经济学家，也是经济学上重农学派的代表人物。如今他被视作经济自由主义的早期倡导者之一。

影响力越来越大，以至于他们塑造了法国人的人生观，给法国灌输了一种“非凡的教育”。法兰西民族疏离于自己的事务，毫无经验，因而对那些经济学派的说教毫无免疫力。就连贵族们也为作家让路，后者成为主要的政治力量，取代了在自由国家通常由党魁占据的地位。革命者粉墨登场时，附和着同样的抽象理论——关于这一点，托克维尔评论说“作家的优点往往就是政治家的缺点”。

这一评价尤其适用于文人们对教会的大肆攻击，这是他们传授的教育中最突出的特点。教会代表着传统、权威和等级——这些全都是文人在政治上反对的。他们不像托克维尔那样，把教会看作自由的潜在盟友，而是把教会当成政治革命和改革的主要障碍。然而，教会在 18 世纪已经失去了大部分势力。教会没有压制出版自由，只不过是用无效的审查制度和微不足道的骚扰激怒了作家们，不过是些警告，称不上让他们噤声。事实上，托克维尔说，当时被噤声的人反而是信教的人。文人们为自己争取出版自由以便提出简单化的改革方案，而不是为所有人争取自由，后一种政治自由恰恰有可能会阻碍或让人们抵制其方案。革命只发生在想象中，没有一个文人相信暴力，或对迫在眉睫的暴力有一丝一毫的察觉，也没有人想到过他们或许应对此负责。但托克维尔认为他们应该对最终到来的大革命的性质负责——他们承担的责任虽说没有思想家那么大，却和那些偶然发现了政治真空、本该警醒忧虑，却在其间兴风作浪的无用政客一样难脱干系。

说到那些满脑子抽象理论的文人，托克维尔和埃德蒙·柏克一样谴责了他们。但他对待哲学的态度却与柏克迥然不同，虽然其差别要细细分辨。柏克之所以抨击哲学，是为了反对那些自称哲学家的人，继而用重新恢复的对审慎明断的信心来取代哲学；托克维尔却没有这样讨论哲学和哲学思想，只是偶尔抨击它们不切实际，同时也为审慎明断提供了一个补充。这就是教导人们如何理解社会的一般活动、评判大众的想法，并预测结果如何的“伟大的政治学”。他说，随便在街上遇到一个美国人，他都会知道宗教对于自由社会至关重要，因为那些最不精通“政治学”的人反而很清楚这一点。然而他从未对这些关于政治学的惊人话语做出任何解释，就像在《论美国的民主》中，他看似在开篇做出了承诺，却根本没有提出一种“焕然一新的世界所需的……新政治学”。一门系统详尽的政治学会贬损政治活动的重要性（抢风头），或许还会损害读者独立思考的能力。真正让政治家们学会政治艺术的当是“自由制度的运作”。作为一名政治学导师，托克维尔的政治学谦虚自制，不着痕迹，更不出风头。

在《旧制度与大革命》的第三编，托克维尔的确就他自己的政治学举了一个例子，不过这一点并没有被读者看出来。这正是他著名的命题：“对一个坏政府而言，最危险的时刻通常就是它开始改革之时。”如果看似无处可逃，人民还会毫无怨言地容忍压迫，而一旦发现未来有救，他们就会急不可耐，诉诸暴力。只有到了1780年改革行将到来之际，才诞生了“人可以持续无限地完善的理论”。这一理论让一个民族对既有的良善浑然不觉，反而受到鼓动去争取“新事物”。这也正是《论美国的民主》中探讨过的非理性的进步理论，此时它被看作法国大革命的一个原因。托克维尔赞扬了革命者“令人钦佩”地坚信人的可完善性和人的力量；他们热爱人类的荣耀并坚信人类的美德。但如果说他们心志真诚，他们的头脑却因为神圣法则被废止、世俗法律被颠覆而迷失了方向。走向完善的确令人振奋,但永无止境。如果人希望在自由中找到满足感,他就需要一种能够洞察全局的政治,其间必须有人的容身之处。

第六章

托克维尔的骄傲

由托克维尔对于哲学的批评看来，称其为哲学家或许会自相矛盾，过于冒失。但他自称“新式自由主义者”，并提出了自己重新思考过的新的自由主义。在《论美国的民主》中，他曾批评唯物主义哲学助长了民主制度只寻求物质享乐的性情，致使人们丧失了宗教所激发的自豪感。在《旧制度与大革命》中，他又批评理性主义哲学只寻求改革体系而不介意有无自由。我们不难把这两种哲学看成是作为自由主义之源的现代政治哲学的不同方面：唯物主义追求实施改革而不再逆来顺受，理性主义追求改善物质生活而非画饼充饥[①]。在《回忆录》中，托克维尔记述了自己亲眼见到并参与其中的1848年法国革命，借以展示他希望自由主义能够有一些骄傲，那是他本人的多少有些悲壮的骄傲。那是有关失败的记述，几乎不能算是骄傲的胜利。但同时它又不无启迪，不管是把自己想象成政治家的哲学家，还是听任自己被哲学家鼓动的平民，都会从中受到教益。

为我一个人写的？

托克维尔的《回忆录》明显不同于他的另外两部主要著作，这本书撰写于那两部巨著之间的1850—1851年。他在本书开

① 原文如此。疑前后逻辑颠倒了。

头说自己“暂时离开公务的舞台”,且由于健康原因而无法持续进行任何研究工作。1849 年 10 月,他被迫辞去外交部长的职务,这是他政治生涯中最高也是最后一个职位,他在任的时间也不过区区五个月;随后在 1850 年 3 月,他第一次吐血,这是九年后夺去他的生命的疾病的初发症状。他现在是单身,“处于孤寂之中”——这句话带着点卢梭式的浪漫,因而决定探究 1848 年一连串事件的根源,“描绘”他所看到的事件参与者。这本书完全不像他的其他著作那样,是写给读者的“文学作品”;它是“为我一个人写的”。《回忆录》一书的确只给几个朋友看过,在他有生之年也没有出版,直到 1893 年,因为他的遗嘱许可才得以面世。

托克维尔说,这部作品将会是一面“镜子”,他在里面看见了同代人和他自己,而不是准备公之于众的“画像”。他唯一的目标是“自得其乐”,“独自思考”社会的真实写照,观察“拥有真正现实的善恶的人,去理解和评价他的本性”。因此他的言辞或许是真诚的,他必须对这些内容“完全保密”。这里他强调了审视镜中的自己(这是他会做的事)和为他人画像(这是他不会去做的事)之间的差别。但他又说自己会“描绘”那些他见过的人,而且在接下来那一段,他再次提到希望“描绘”的事件。此外,在本书后文中,他的确以最精彩的文笔“描绘”了那些人物和事件,完全不是只为自己的消遣而写。虽然他曾在一封信中说自己正在进行的这个工作是“白日做梦”,实际上,他却咨询过其他参与者,还核查了文献来验证自己的记忆。那么,为什么他要对这部作品的目标受众如此含糊其辞呢?

《回忆录》的确是一幅生动的画像,但却是给后代人看的。这部作品的鲜明特征就是它内含许多生动的个人肖像,全然不同于他的另外两部主要研究原因、对人物只作泛泛而谈的著作。在该书中，从他对国王路易—菲利普的辛辣分析开始，读者会接二连三地看到令人难忘的讽刺画式人物素描，这些个人不是事件的主导者，而是因为自己的错误、有时还是因为美德而成了那些事件的牺牲品。他自己的亲人（他的弟媳）和朋友（让—雅克·安培）都未能幸免，在该书接近结尾处，我们又看到了总统（很快又成了皇帝）路易·拿破仑的滑稽肖像：半是老式的阴谋家，半是彻头彻尾的享乐主义者。在生前公布这些乐事可能会显得过于轻率，很有可能还会引来牢狱之灾，但为后代记述这段史实却让托克维尔有机会展示务实政治实际上是如何运作的。在《论美国的民主》和《旧制度与大革命》两部著作中，他颂扬了政治自由的实践；在这本书中，他剖析了政治自由的实际运用——或者倒不如说，论证了法国未能建立起政治自由。

但更重要的是，托克维尔剖析了自己的作用，或者毋宁说自己的失败。他本人是个陷身于政坛的文人，就像他在《旧制度与大革命》中谴责的那些人一样。在这里，他展示了在政坛上挥斥方遒的文人能走多远，要在多大程度上依赖机遇，又要多么仰仗其必须与之合作的庸众的协作。这是《回忆录》写实的一面，与描绘的一面既和谐共存，也形成了对照，因为当他反观自身时，他看到自己身为画师，既身处政坛，又作为导师身处其上。在《论美国的民主》一书的结尾他说，他努力进入上帝的视角，以便在民主制度和贵族制度之间做出评判。但他还说，和凡人不同，上帝既能看到孤立的事件，也能看到全貌。在本书中，他站在个体的立场上来审视人性，因为事件之所以是孤立的，是因为人类个体千差万别。像 18 世纪的法国文人一样，投身政治的哲学家倾向于认为可以系统地应用普遍真理来长久地改进人类的事业。

因此，普遍真理可以要求个别境况服从于它，并强迫后者按照它的意志行事。

托克维尔在《回忆录》中表明，这种服从不会发生。他把自己置于 1848 年法国革命的情境中，彼时，他作为一个文人或哲学家，希望控制事件的发生却无能为力。他当然反对理论家，尤其是希望发生那场革命的社会主义者，他也从未声称代表“哲学”或任何学说，他只代表他自己。但在反对革命时，他承担起反哲学家的角色，揭露了自命为哲学家的那些人的荒谬行为。1848 年革命推翻了路易—菲利普的君主政体——对此结果托克维尔反对却无奈，随后建立了受困于党派倾轧的共和国，他负责任地加入了这个共和国的政府，却并不热衷于此。共和国又在 1851 年被路易·拿破仑推翻，重新建立了拿破仑的帝国，如今变成了温和、民主的专制国家，集中央集权和平民的自满为一体。1848 年的革命者们并未得偿所愿，托克维尔也一样壮志未酬。

图 9　托克维尔的一幅速描，画的是他本人和同事朗瑞奈拉着车去内阁

他看到了自己预测的噩梦成真，又距离关键事件那么近，这让他自己便足以成为思想家之无能的典型。记录这些事件的《回忆录》直到很久以后才出版，可以使我们清楚地洞察到他的内心，并和他一样做出判断——我们毕竟眼见着这些事件以让人宽心的陈词滥调一一披露出来，为的是取悦当代读者。

关于他自己的建议无效，托克维尔举了一个关键的例子。虽说他只能勉强算是热衷于君主制，但他认为法国维持一个有民选议会的君主立宪制要好于冒险成立共和国、选举总统，为拿破仑的继任者铺平道路——这正是后来真实发生的情况。1848年2月24日，一伙武装民众暴力闯入制宪议会（下议院），推翻了君主制度。这一事件使得以法国人民的名义在巴黎闹事并使用革命暴力反对宪法的暴徒取得了合法地位，作为连锁反应，这后来又推动中产阶级和农民支持路易·拿破仑，以保护他们的

图10　1848年法国大革命期间，一伙暴徒袭击了一个街垒。托克维尔预言了革命的发生，也反对革命，但未能成功地阻止革命的到来

财产免受暴徒的威胁。

托克维尔作为下议院的成员，当天就在现场，并在《回忆录》中讲述了此事：当暴徒聚集时，他环顾四周，希望找到什么人来安抚他们，然后就看到了诗人和历史学家阿尔方斯·德·拉马丁，后者是当时议会中最受人欢迎的政治家。托克维尔走向他，在他耳边低语道，如果他现在不站出来讲话，“我们就毫无立足之地了”。拉马丁回绝了；他不愿做任何挽救君主制度或让他的声望涉险的事。他后来倒是讲话了，但为时已晚，众人平安的机会一去不返。托克维尔说，有一小队国民自卫军来到现场，但也晚了半个小时。托克维尔一直坚守阵地，但他的建议没有被采纳，结果“改变了法国的命运”。或许他的描述多少带点戏剧化的做作，但他这样做不无目的。它充分显示了关于可能的改革、关于政治自由的福祉，政治学家所提的建议有着怎样的局限性。在另外两部已经出版的著作中，托克维尔赞扬了美国政治的成就，谴责了法国在这方面的缺失，而这部他有生之年没有出版的著作的最后一句话充满讽刺意味：在两次来之不易的外交成功之后，他所属的内阁却垮台了。在这部著作中，他把对政治以及政治自由长久持续的束缚全都公之于众——不过那已经是很久之后了。

社会主义

《回忆录》一书没有为民主制度说什么好话。托克维尔说他写这本书是想“保持绝无奉承地描绘［肖像］的自由”，而由于他没有像在《论美国的民主》中一样在此书中赞扬民主制度的正义，有人或许会推论，他在那本书中恭维了民主制度。在揭露美国人在政治讨论中有微不足道的夸大其辞时，他曾把他们比作

"在民主国家议会里辩论国家大事的大演说家",但在这部书中他承认:

> 我向来认为,不管是平凡的人还是才能出众之士,都有一个鼻子、一张嘴、两只眼睛,但我又记不住他们每个人的容貌特征。我不断询问这些每天见面但又叫不出名字的人士的姓名,而后又不断把他们的姓名忘掉……他们在领导大众,所以我尊敬他们,但他们又使我感到非常厌烦。

这不是一个渴望或能够取悦他人的政治家的态度。这种轻视并非出于本意,但其背后潜藏着托克维尔关于"社会主义还将保持二月革命的基本特性"的判断和他对 1848 年革命的"最可怕记忆"。人民长期以来不断获得权力,他们早晚会不可避免地面对平等的主要障碍,即财产的特权。他在《论美国的民主》中曾以民主革命作为主题,而社会主义似乎是民主革命的下一个阶段。他将 1848 年革命评价为一场社会主义革命,这与卡尔·马克思在其《路易·波拿巴的雾月十八日》(1852)单行本中的判定截然不同,马克思谴责那是一场小资产阶级的闹剧。马克思的失望必然要符合他自己的历史观,因而他说当历史再现时(正如他的泰斗黑格尔所说),第一次是作为悲剧出现,第二次是作为闹剧出现。悲剧是 1789 年的法国大革命,马克思所说的"悲剧"不是指 1793 年的恐怖政治[①],而是反对这一恐怖政治的热月政变。托克维尔在他的评价之后就人们在 1848 年对社会主义的普遍厌恶进行了反向思考,说社会主义可能会卷土重来,因

① 指 1793 年 9 月 5 日到 1794 年 7 月 28 日的雅各宾专政时期,是法国大革命时一段充满暴力的时期。

为未来可能会更加开放，远超过当前生活在每一个社会中的人们的想象。他当然认为财产，尤其是小资产阶级的财产，对政治自由十分必要，而马克思之所以敌视财产，只是因为它维系了政治自由的错觉。

在托克维尔看来，社会主义是人民的激情和文人的幻想的组合，配合着他们的“有创造性的然而是错误的思想体系”，他们是他后来在《旧制度与大革命》中谴责的那些人的后代。政治中的文学精神在于喜欢看到富有创意和全新的事物甚于真实的事物，偏爱有趣的戏剧性场面而非有益的场面，更关注那些只管自己唱念做打、全然不顾后果的演员，以及根据印象而非理性来作决定：这些都是他在自己的朋友、文学学者安培身上看到的，或许在性格更粗暴乖戾的马克思身上也会看到。

体系的幻觉本身就很荒谬，在实践中也并非无害，然而相对于漫不经心的革命理论家，托克维尔更敬重那些可能会反抗的人。鉴于《回忆录》更注重对个人的“描绘”，他向我们呈现了一幅他自己家的生动画面，其中那位（不知姓名的）门房和名为尤金的随从就是两个反差很大的人物。门房是个在邻里间恶名昭著的老兵，精神不太正常，这个废物不是在家里打老婆，就是在酒馆里虚掷时光——总而言之，他是个天生的社会主义者。在1848年6月暴动期间，有一天他带着刀四处游荡，威胁说再见到托克维尔就要宰了他。但当晚当托克维尔回家时，这个门房毫无作为，并表示他本来就没打算怎么样。就此托克维尔评论说，在革命期间，人们总是吹嘘自己想象出来的罪行，就像他们在平日总喜欢吹嘘自己想象出来的善行。而尤金曾是名国民自卫军的士兵，他以超然的冷静态度继续自己的随从工作，同时也加入了镇压的军队。他不是个哲学家，但有着哲学家的沉着。他也不是个社会主义者，但如果社会主义取得了最后的胜利，虽然他并非桀骜难驯，也缺乏随机应变的能力，最终也有可能成为一个社会主义者。实现社会主义的过程中会产生生气勃勃的特质，而这种特质到了社会主义制度下便会消失。

1848 年的革命并非理论家们的本意，但他们的理论所呼唤的改革只有革命才能够实现。除了托克维尔，也无人预测到这场革命的发生，他在 1847 年 10 月的一份声明中预言革命即将到来，在革命发生一个月前的 1848 年 1 月 27 日，他还在下议院的一次演讲中向在座的人们敲响警钟。"难道你们没有感觉到——叫我怎么说呢——一股革命的风波正在蔓延吗？"他大声疾呼道。《回忆录》中重复了他另外两本书中的一个主题，那就是将一般原因同个别事件区分开来；关于革命是如何发生的，他找到了六个一般原因和六个偶然因素。文人们总是在纠结一般原因，特别是"绝对体系"，托克维尔说他嫌恶那些体系，"在他们自以为重要的体系中有偏执之处，在炫耀自己像数学真理的时候也有错误"。另一方面，那些汲汲营营于日常事件的政治家则喜欢把自己涉足的一切都归于意外。托克维尔声称，很多史实都是偶然发生的，或者说各种刺激原因的组合会让人们把它们看成偶然事件，但如果不是条件事先就已成熟，偶然原因起不了什么作用。或许只有托克维尔这样的天才才能预见到一般原因正在起作用，他所仰仗的不是什么离奇的先见之明，而是因为他非凡的洞察力没有被体系的幻象所蒙蔽，那个体系把一切原因和每一个偶然事件都缩减为它自己的理论，好像它是整个宇宙的掌管者似的。政治中的文学精神是暴君的精神，制止它的最佳手段就是事实的顽强存在，后者是由偶然的不可预知性支撑的。

偶然与伟大

偶然因素所能决定的程度恰恰是人的美德能够干预的，因为偶然是原本不会发生的情况，而美德需要有所行动。拥有美德的人一旦行动，就会取代本可能偶然发生的，或由无德之人的平庸行为所造成的结果。因此，正如托克维尔在《论美国的民主》中所说，美德有“消除”偶然的动机。但美德也会事先假定偶然因素的存在，以便有朝一日取而代之。在托克维尔否定的决定论的科学体系中，偶然因素或美德都没有发挥的余地。被迫而为的美德并非美德；美德必须是自愿的，有德之人必须是自由的。美德是自由的最佳指示器，因为滥用自由，例如路易—菲利普的君主制下法国政府的腐败，有可能是被迫而非自由的——在这个例子中，腐败是由这个政权对物质享乐的热爱这一突出特点导致的。

但托克维尔不是美德的推销者，将自己的研究成果作为唯一真正的自由兜售。他的新式自由主义并未采取康德的方式，得出一种能够充分表达和保证自由的普遍的、绝对的道德律令。在审视《回忆录》中的实际个体时，他深刻地感受到人的美德的局限性。首先，美德是罕见的，又分为公共和私人的美德，因而个人可能只有其中的一种而缺少另一种，其中的一种甚至还会妨碍另一种。诚实是最常见的美德，但在需要见诸行动时，“大胆的流氓”可能会比诚实的人更被人看重。民主主义者几乎一定会将他们的诚实和“胡说八道”混为一谈。托克维尔认为德·拉马丁夫人[1]是个具有“真正的美德”的女人，但她在自己

① 玛丽安娜·德·拉马丁夫人（1790—1863），法国画家、艺术家和雕塑家。

的美德中“混入虽使美德不变但使她不再受人爱慕的几乎一切缺点”。他在《论美国的民主》中曾说过，“权利观念无非是引入政治世界的美德观念”，但他在《回忆录》中并没有讨论权利。

相反，托克维尔详细论述了卑微与伟大之间的差别；被推翻的平民君主制、可能到来但从未实现的社会主义共和国，以及拿破仑的第二帝国，全都是卑微战胜了伟大的实例。在托克维尔所有的作品中，伟大都启迪了自由，伟大可以说是他的“新式”自由主义的主要特征。对伟大的渴望这一动机证明了民主的爱国主义，乃至民主的帝国主义和殖民主义的正当性，并使之变得高尚起来。

关于托克维尔以阿尔及利亚为例支持法国殖民主义的著述，近来人们的关注颇多，并认为他的态度有损他民主之友的声望。但他赞成法国在阿尔及利亚的殖民主义（当然，使用奴隶除外）是在表达他渴望伟大；要想使民主制度更加庄严而不致沦为平庸者普遍平等的主张，就必须弘扬人的伟大。他同意他的朋友约翰·斯图尔特·密尔的说法，即“文明”高于“野蛮”，不过关于文明在多大程度上高于野蛮、是否足以为专制制度辩护的问题，两人大概会争论一番，密尔在其著作《论自由》中对这个问题的答案是肯定的。然而，如果民主国家的特殊性和民主的爱国主义所带来的荣耀这两者中有任意一个构成了一种“教化使命”（这不是托克维尔的说法），就会表明殖民主义是可能存在的。如今的解决方案是搁置文明与野蛮的差别，从而把文明转化为“文化”。文化都是平等的，因此如今的多元文化观念绝口不提伟大。这样一来，多元文化就能与全球化并行不悖，两者的本意都是无视政治分歧，因而都无关政治，于是就对托克维尔要求有界限分明的政治团体的政治自由主张怀有敌意。既然政治自由是由对伟大的渴望所引发的，它就必须冒险为他人谋福利，而受益者却可能只顾自牟私利。

如果托克维尔只是因为始终关注人的伟大而成为一个新式自由主义者，那么他为什么还愿意做一个自由主义者？伟大难道不是必然属于贵族，以至于因为始终关注着伟大，他根本就不是个真正的自由主义者——遑论民主主义者？为了回答这些问题，不妨将他与亚里士多德作一番比较，后者不可能被指为自由主义者。托克维尔赞成亚里士多德的人天生是政治动物的说法。他从来没有重复过亚里士多德的定义，却显然抛弃了自由主义选择的另一条道路，那首先是由霍布斯提出的，即人生而自由，只是因为许可了某种人为主权才会归顺政治。那么，托克维尔是在哪一个节点上与亚里士多德分道扬镳的呢？

分歧之处恰恰是托克维尔提出的人的伟大的概念，这与亚里士多德所说的美德和人之良善截然不同。在亚里士多德看来，善是至高无上的，因为我们**认为**我们人类所追求的一切目标都是善，亚里士多德将这种人类视角扩展到了整个大自然。但首位自由主义者霍布斯否定了善的至高无上。他断定我们所有的人都渴望自保，这是我们所共有的善，但我们以各种各样的方式进行自保，我们各自追求的善也因人而异。单一的最高的善并不存在，而只存在普遍认为的最小的善，即自保，与我们根据自己的意见追求的不同的善之间的区别。在政治中，这种区别造成了国家和社会之间根本的、自由主义的区别，前者确保了最小的善，而后者为不同的善留有空间，也就是我们今天称之为多元主义的所在。

托克维尔选择了这条自由主义的路线，他追随霍布斯而背离了亚里士多德乃至整个古典政治思想。但他和亚里士多德一样坚信灵魂，并提到过“堕落的灵魂”。自由主义不赞成灵魂的说法，因为它把自保这一最小的善融入到追求美好生活的最大目标之中。堕落的灵魂可能与美好生活相去甚远，这当然不是自由主义的观点，后者认为自我仅凭自己的意愿做出生活的选择，其价值不能以一种单一的、据说是真实的美好生活的观念来加以衡量。但托克维尔所说的是“伟大”而非“美好生活”。这有什么不同呢？

伟大不是一种天性，而是由人类自身特别归属于人类的；它是指以人类的视角看到的伟大，或者按照托克维尔的说法，是指“人的伟大”。它在某种程度上变化不定、反复无常，但人的天性中就有对伟大的渴望和赞美。只有人会评价事物和人物的重要性，而伟大就是人认为重要之事。很多美好的事物仅仅是有用并因而是“善”的一部分，但它们或许并不重要，而伟大与之不同。缺乏美德的伟大是可能存在的，正如在谈及拿破仑时，托克维尔说他“是一个最伟大的没有美德的人”。有德之人或许会更伟大，但美德很罕见。伟大也同样罕见，但既然人们认为它很重要，而他们所认为的重要之事彼此不同且往往彼此冲突，伟大就比美德更加多样化，因而也与政治自由更加协调。所有的人崇拜的事情各不相同，因而关于何为伟大会有自己的看法。但对“伟大”没有必要像对“善”一样统一看法或做到绝无矛盾。这正是古典思想家拒绝将伟大看得至高无上的原因。伟大也是实践而非理论的成果。亚里士多德在描述拥有伟大灵魂的人时，他讨论的是道德上的美德的实践范畴，而不是哲学家的智识美德。哲学家们可能对整个自然界的伟大有他们自己的观念，但他们会用它来贬低大多数人认为伟大的那些事物。在这一点上，托克维尔与大多数人持同一立场。他对哲学的不信任恰恰体现在他关于伟大的主张中。也许他也拥有一种多少类似于亚里士多德哲学的隐秘哲学来证明他轻视哲学无可厚非,那是为政治辩护的哲学。但他大体上还是觉得有必要通过非难哲学来为政治辩护,因为他所知道的自由主义哲学如今已成为自由和自由主义的最大危险。

索　引

（条目后的数字为原文页码）

A

B

C

D

E

F

G

H

I

J

K

L

M

N

O

P

R

S

T

U

V

W

Harvey C. Mansfield

TOCQUEVILLE

A Very Short Introduction

Acknowledgments

This volume is sponsored by the Taskforce on the Virtues of a Free Society of the Hoover Institution at Stanford University, where I am the Carol G. Simon Senior Fellow. Support for it came also from a research fellowship at the Carl Friedrich von Siemens Foundation in Munich, Germany, held for the first six months of 2009 at the invitation of my longtime friend Dr. Heinrich Meier. Nor must I forget the everyday generosity of Harvard University, where I have essentially spent my life. I am grateful to Kathryn Sensen for invaluable and unsparing criticism of the text served with all due respect. My late wife, Delba Winthrop, who would have been co-author of the book, was ever in my thoughts as I composed it.

Contents

List of illustrations

Introduction: a new kind of liberal

What sort of man was Alexis de Tocqueville? A writer, certainly, and with great style, but a writer of nonfiction conveying fact and truth in compelling terms with brilliant formulations. A social scientist, but without the cumbersome methodology, the hands-off neutrality, the pretended objectivity of today's version. Tocqueville was a defender and reformer of politics, scientific in some ways but never permitting science to obstruct those goals. A historian? Yes, because he wrote of democracy in America, then and now its principal abode, and of the old regime in France, where according to him democracy—surprisingly, in the form of rational administration by a monarchy—began. He did not write like a theorist, as if he were abstracted from time and place. Yet he was a seeker of causes, not a plain narrator, and he chose to write about the most important events, the "first causes," he went so far as to say. A philosopher? A difficult question, to which many who identify philosophy with system say no. I say yes, more of a philosopher than he appears to be. We can settle on "thinker," a less ambitious word for a man who had his doubts about philosophy.

A great man? For certain. A great man for his insight, but also because he undertook to explain greatness in a democratic age when it was under attack or simply overlooked. A great man who associated democracy and liberty with greatness.

1. Alexis de Tocqueville in 1850. When Tocqueville was born, his father took one look at his extraordinarily expressive face and said that he was sure to be a great man.

“A new kind of liberal”: that is Tocqueville’s own description of himself. Today Tocqueville is not known as a liberal, as is his friend John Stuart Mill, who wrote *On Liberty* to explain and advocate liberal principles. Tocqueville seems to be more descriptive and analytical, like a sociologist, except that he writes so well. Although his books sparkle with insights, his thoughts arise from observation of facts rather than appearing in the sequence of argument, arranged systematically. But I shall try to rescue his own label for himself and show that he deserves the highest rank among liberals *just because* he is not as theoretical as liberals normally want to be.

If Tocqueville is a new kind of liberal, this means that liberalism is not itself something new. It is true that the word “liberal” came into use only in Tocqueville’s time, but before this liberalism was given its basis in the doctrine of modern political theorists in the seventeenth century, particularly Thomas Hobbes, Baruch Spinoza, and John Locke, who made it their first premise that man was naturally free. They meant that prior to any social or political character men might have, man must be supposed to be in an abstract condition (the “state of nature”) in which he was free to consent to the society he might join and to its politics. Tocqueville did not agree that men began in this way “perfectly free,” as Locke said, or that freedom has its origin prior to politics. Tocqueville seems rather to agree with Aristotle, the pre-modern philosopher opposed by these modern theorists, who said that “man is by nature a political animal,” meaning that human freedom has to be found in politics, not in an original state of nature prior to politics.

Tocqueville does not say he agrees with Aristotle. He does not agree with him that philosophy is the highest way of life. He does not argue with philosophers and rarely refers to them; when he does, it is usually to disparage them. In *Democracy in America,* the Americans he praises for the practice of freedom are said to be “less occupied with philosophy” than any other civilized people. In

The Old Regime and the Revolution he decries the *philosophes* or "men of letters" of the Enlightenment in the eighteenth century for pronouncing on politics as theorists, without experience in the practice of politics. In neither work does he mention the liberal state of nature, and in his book on America he omits any discussion of the liberal American principles stated in the Declaration of Independence. Tocqueville is obviously aware of the old liberalism, but he deals with it by ignoring it.

Instead, he moves to his new liberalism in which freedom is the friend of religion and infused with pride as well as impelled by self-interest. The new liberalism needs a "new political science... for a world that is altogether new," not set forth in a system of principles by Tocqueville, comparable to the system of seventeenth-century liberalism. Nor is it the political science of Montesquieu, the more modern political scientist of the eighteenth century, authoritative for fellow liberals in Tocqueville's time such as Benjamin Constant and François Guizot, and earlier for the American authors of *The Federalist*. Montesquieu's new political science was written for the world before the coming of modern democracy that made a world "altogether new," before the United States came to be.

Tocqueville's political science is shown in his depiction of freedom as practiced in America, an actual society, rather than in principles that precede practice. That is why his writing fascinates and convinces his readers with evidence, observation, and examples. Yet his analysis, often apparently spontaneous, even disorderly, does not wander from one point to another; every discussion has its place in a whole that is gradually revealed. In this book I discuss five aspects of his new liberalism. All are somehow concerned with democracy, for democracy is the new world in which liberty must be made to survive and prosper.

First is the democratic politics in Tocqueville's own life, for he was a would-be statesman as well as a writer, and a liberal as well as an aristocrat. Then come his thoughts on democratic self-government in America, where in his time and still in ours democracy has its headquarters. His fears for democracy come next, found especially in the second volume of *Democracy in America*. There he exposes the risks arising from democratic theories that both exasperate and enervate democratic majorities. Then, moving to *The Old Regime*, we find Tocqueville's depiction of the rational administrative control by which the French monarchy dismantled feudal aristocracy. He reveals the connection between two things that seem some distance apart: democracy (rule of the people) and rational administration (rule of a bureaucracy). Last is the greatness Tocqueville desires from democracy, such as it can be. For democracy is given to mediocrity that is both stagnant and restive, passive yet dissatisfied, and Tocqueville must teach us how to rescue it from its faults. For him the "true friends" of liberty are also friends of "human greatness."

Why does Tocqueville matter today? First, there is general agreement that he matters. It is hard to think of any analyst of American politics and society with a higher or broader reputation today. During his own life and then through the nineteenth century and most of the twentieth, his liberalism seemed humdrum and ineffective, and he was eclipsed by radical critics on both left and right. But after the radical right was defeated in World War II and the radical left lost its appeal in the nastiness of tyranny, moderate liberals came to the fore, above all Tocqueville. In France the revival was led by the philosopher Raymond Aron and the historian François Furet; in the United States, having always been celebrated for his book, Tocqueville returned to favor as Americans reconsidered their intellectual dependence on Marx and Nietzsche and began again to discuss the nature of "American exceptionalism," by which America might be a model for all humanity. He has been quoted by every American president from Eisenhower on (not always accurately!), cited widely in academic circles by social scientists and historians, and used to enliven and give authority to many books by popular historians and journalists. *Democracy in America* also appeals broadly to both left and right, each side having its favorite passages and eager to claim the blessing of his authority.

Tocqueville has not received his due for the quality of his thought, however. One reason is his very brilliance, which makes him seem merely eloquent, and his sense of the future, which makes him seem uncanny. It is as if anyone who writes so well on the surface must be superficial, and anyone who predicts so well must be a seer. The beauty of his writing can be somewhat distracting to careful analysis of what he says, as for example when he compares a presidential election in America to the passing of a storm. Another reason for the underestimation of his wisdom is the power of abstraction in democratic societies, a power Tocqueville tries to oppose. American democrats like to generalize, or universalize, or equalize, so as to be inclusive, tolerant, and appreciative. America's intellectuals, cooperating with the democrats, like to theorize, so as to be universal, exact, and free of the past. Even our historians want to start history anew. Tocqueville's liberalism forces us to consider what we actually do in the practice of self-government, rather than arguing endlessly in the abstract about what we are, and are not, entitled to. For all his reputation, we do not learn enough from him.

Chapter 1
Tocqueville's democratic providence

Born not long after the French Revolution into an old aristocratic family of Normandy, Alexis de Tocqueville lived from July 29, 1805, until April 16, 1859. He was bound to the ancien régime, the Old Regime, by his family and to the new one by his belief in liberty. He lived through the coming of democracy to France and foresaw that it would eventually spread to all the world. His

2. Château de Tocqueville in Normandy. Tocqueville lived at the family chateau but did not leave an heir to inherit it.

family name was Clérel, and one of the Clérels had fought with William the Conqueror at the battle of Hastings in 1066. By stages the family acquired the fief of Tocqueville in Normandy and in 1661 took that name. The chateau still exists and is inhabited by descendants of his brother.

3. Mary ("Marie") Mottley, Tocqueville's wife, ca. 1830. English, Protestant, and middle-class, she was an unusual choice of wife for a French aristocrat, but Tocqueville wrote to her that "you are without exception the only person in the world who knows the bottom of my soul."

Alexis kept his title and lived in his beloved chateau, but although he spent much time and money caring for it, he did not produce an heir to inherit it. It was an accident he did not regret, and he once said that he had "no very keen desire to draw from the great lottery of paternity." This view of paternity reveals a mixture of aristocratic disdain for the common man, democratic unconcern for the future of one's family, and philosophic equanimity. His marriage, however, was more simply democratic. He married beneath himself, as he acknowledged, to an Englishwoman not of the nobility (and on whom he insisted, despite the wishes of some in his family).

Tocqueville the statesman

Tocqueville refused to use the title of Count, but he did not reject all the advantages of aristocratic birth. He made them serve a democratic end in what he called the "new world" of democracy. Although he lived his life as an aristocrat, he took the part of democracy and to do so, he entered the practice of politics. In aristocracy as it should have been in the Old Regime in France, he would have claimed power by feudal inheritance. Entering politics, Tocqueville believed, was in its nature aristocratic for the simple reason that governing requires taking responsibility for others, thus being superior to them. His first experience in politics under the Restoration monarchy came from a touch of privilege, for Tocqueville's father, Hervé, had been a prefect and active in local government. Through his advice and influence, Alexis became an unpaid apprentice judge in 1827. After that he had to run for office in—somewhat—democratic elections. Here we see two of his principles at work: the democratization of politics that is essentially and originally aristocratic; and learning politics by doing politics, which was the particular virtue he found in American democracy. The two principles converge, because politics can be democratized only if democrats make a virtue of competing for the offices that would have belonged to the nobles of an aristocracy without effort. One of Tocqueville's greatest insights was to see that this virtue, necessary to democracy, cannot be taken for granted in a democracy and may actually be threatened there.

Entering politics in Tocqueville's time was a daunting task. After the French Revolution, government in France was transformed by a series of spastic lurches from the Bourbon monarchy before 1789, the "Old Regime," to the constitutional republic; then to the Jacobin republic of terror; to the Thermidor reaction against the Jacobins; to Napoleon's empire; to the Bourbon monarchy restored; to the bourgeois monarchy of Louis-Philippe; to the Second Republic, which was subverted and overthrown by Louis Napoleon, who established a second empire. Such turbulence promised risk for any ambitious person who might have wanted to enter politics and anguish for any concerned observer. For a writer and thinker like Tocqueville, it would have readily excused the renunciation of politics for the sake of relief and refuge in private life, providing leisure for thinking and for indulging his superb talent for writing. But Tocqueville, who felt anguish for France all his life, took up every opportunity for political activity even when doing so interfered with his writing, as in 1837 when he could have been working on the second volume of *Democracy in America* and instead ran for office in the Chamber of Deputies in the regime of Louis-Philippe. Though he was defeated the first time, despite being a noble running in his own locality, he tried again in 1839—manfully and with democratic resolve—and succeeded, then was reelected twice more. After the fall of Louis-Philippe's monarchy in 1848, Tocqueville was elected to the Constituent Assembly that was intended to establish the Second Republic, helping to prepare its constitution. Then he was elected to the new assembly under that constitution and served as Minister of Foreign Affairs for five months, until the cabinet of which he was a member was dismissed by the new president, Louis Napoleon. In December 1851, Louis Napoleon put an end to the republic with a coup d'état, and Tocqueville left politics for good, having stayed with it as long as his principles required and permitted. His last political experience was being jailed for two days as a protesting deputy by Louis Napoleon.

What was it that made this born writer enter democratic politics where he himself doubted he could succeed? For Tocqueville the freedom to write and publish was incomplete without political freedom. He wanted to feel that freedom for himself by holding office rather than merely observe from outside. It was not enough to understand things with calm detachment, as a theorist would. He believed that the satisfaction and serenity of soul, said in the philosophic tradition to reward the activity of contemplation, do not exist. He thought the human soul, and especially his own, to be "restive and insatiable." He despised "all the goods of this world," yet to escape the "grievous numbness" that comes over the soul when it tries to contemplate itself, he sought those goods. The principal good was of course honor, the "natural taste" he had for "great actions and great virtues"; all the others were subordinate, merely means to honor. Consciously, deliberately, purposefully, Tocqueville wished and acted to distinguish himself in life, at the same time disdaining honor and reaching for it.

Tocqueville seemed to understand the love of distinction as essentially political—the activity of ruling—rather than literary in the sense of displaying talent and intelligence for the sake of popular esteem. Yet he thought he was "more worthy in thought than in action," and he was surely right about that. As a politician he lacked the common touch, and he knew it. He confessed (privately, in his *Recollections* [*Souvenirs*]) that he could hardly remember the names and faces of the mediocre men in the National Assembly with whom he had to deal: "they bore me profoundly." He also said that writing was a kind of action, a way of engaging in politics. It seems that political freedom for Tocqueville has two branches—holding office and writing—and that they converge in greatness.

For a philosopher, or for most philosophers, human greatness is a small thing, a self-inflation of man bound to lose size and value in proportion to eternity. Not so for Tocqueville. "My imagination," he said in a letter, "easily climbs to the summit of human greatness." It was not that he thought himself another Alexander, but he felt dissatisfied with worldly honors, the same ones he pursued, yet uncertain that God assured the greatness of man. The restiveness in his soul had aristocratic pride in its disdain and at the same time democratic responsibility for undertaking political tasks that aristocratic hierarchy would now, under democracy, no longer be able to accomplish.

Tocqueville the writer

Honorable failure was the best Tocqueville could do as statesman, and the rest of his life must be seen as events in the career of a writer. Indeed, his most exciting political experience was to observe and record the two revolutions in France that occurred in the wake of the French Revolution, in 1830 and 1848. As a judge in 1830 he had to decide whether to swear an oath of allegiance to the new Orleanist king, renouncing the legitimate Bourbon heir—which he did. In January 1848 he gave a speech warning the government of the coming revolution, but though a member of the Chamber of Deputies, he could accomplish no more than this warning, and he was forced to watch impotently as the Second Republic was being born, which he did with grave misgivings for its socialist future. In 1850, while suffering from the tuberculosis that was to kill him, he wrote his *Recollections* on that revolution, a kind of "day-dreaming," he said, intended for his friends and perhaps for eventual publication (not until 1893, as it turned out). Here was his moment near the cockpit of the democratic revolution whose study occupied his life, but all he could do was watch and write. But that he did to great effect.

Tocqueville's early education was provided by the Abbé Lesueur, who had been his father's tutor. Lesueur gave him an old-fashioned religious training but otherwise pampered him, and the two became close friends. When he was sixteen, his father, then prefect in Metz, sent him to a college to study rhetoric and philosophy. At this time, Tocqueville recounted later, he went to his father's library and there found books of philosophy that produced an "earthquake" inside him, allowing a "universal doubt" to penetrate his soul, previously full of faith. The doubt, with which he struggled for the rest of his life, undermined his faith not

4. Tocqueville, age sixteen or seventeen, sits at a desk beside his father, Hervé de Tocqueville, 1822.

only in God but also in the "intellectual world" of "all the truths" he had constructed for his beliefs and actions.

Ignoring the earthquake in the soul of his son, Tocqueville's father sent him to study law in Paris, which he did from 1823 to 1826. Two years later he attended lectures by François Guizot, later premier of France, and took notes showing that he was impressed by Guizot's thoughts on the history of mankind or "civilization." In a letter of the time he calls his works "prodigious" in ideas and words. Guizot and Benjamin Constant were the two great French liberals of the early nineteenth century with whom Tocqueville is often compared. But the two of them believed, quite unlike Tocqueville, that liberalism could hold democracy in check without having to come to terms with it. Whatever Tocqueville learned from them did not reach this main point. Yet here was an episode of classroom contact he had with the most advanced liberal thinking of his day.

For the most part, however, Tocqueville's education was his own reading of the historians of his time and in the classics of political philosophy. His favorites were French, "three men with whom I live a little every day," he said in 1836—Pascal, Montesquieu, and Rousseau. But in addition to authors whom he read he had friends to whom he wrote extensively, and he taught himself by teaching his friends. Among these were the literary scholar J.-J. Ampère, the social theorist Arthur de Gobineau, the English economist Nassau Senior, the statesman Pierre-Paul Royer-Collard, his particular intimates Francisque de Corcelle, Madame Sophie Swetchine, Adolphe de Circourt, Eugène Stöffels, and his friend from childhood, Louis de Kergorlay.

Above all was the friendship of Tocqueville with Gustave de Beaumont, to whom he wrote three volumes of letters and with whom he made his nine-month trip to America (1831–32) preceding the writing of *Democracy in America*. They had studied law together and served as magistrates on the same court, and attended Guizot's lectures before their celebrated trip. They went to America to see "what a great republic is," said Tocqueville in a letter, apparently with a vague idea of a joint project. Their more definite plan was to write a book on penal reform in America. Though that was but a "pretext" (as Tocqueville confided to Kergorlay), the two delivered a book on the subject (*On the Penitentiary System in the United States and Its Application to France*) a year after their return from America, in which they approved of reform but, in a way characteristic of Tocqueville's liberalism, reproved the exaggerated hopes of reformers.

Tocqueville and Beaumont circled through most of America as it then was. They began from New York and went north through Buffalo to the Great Lakes and to Michigan and Wisconsin, where the frontier was. The "frontier" was the boundary between nature and civilization, and while he was there, writing "on the steamboat," Tocqueville produced a brief but beautiful reflection on the silence of nature and the varied talk of civilization, comparing Americans with English and French, and considering the Indians as humans outside and hostile to civilization. *Fortnight in the Wilderness* (1831, when Tocqueville was twenty-six) was written for publication but not published until after his death.

Both Tocqueville and Beaumont kept journals during their trip, and though Tocqueville's was published as *Journey to America*, it consisted of unconnected notes for his later books and was not composed, as was *Fortnight*. At some point in the trip, the joint project for a book on the great republic in America became one for Tocqueville alone, as one may surmise was his intention all along. After testing the frontier, which they saw was only temporary and would not rest until it reached the Pacific Ocean, they went to Canada, then down to Boston, Philadelphia, and Baltimore, then west to Pittsburgh, and south to Nashville, Memphis, and New Orleans, from which they went through Georgia and the Carolinas to Washington, and at last to New York, from which they departed to France. They rode in steamboats and stayed in a log cabin. They met President Andrew Jackson briefly and talked at length with many Americans, prominent and not so prominent. Tocqueville's method of survey research was to ask questions suited to the person interviewed, listen, and probe, looking for facts and opinions, rather than to count reactions to the same set of queries as a modern social scientist would.

Democracy in America was published in two volumes five years apart, in 1835 and 1840. The first volume, more about America and its virtues and faults, was a sensational success, but the second, with its measured analysis and foreboding of the future of democracy, was received without enthusiasm. Praised by great writers of France such as Chateaubriand and Sainte-Beuve, the first volume brought fame and honor to Tocqueville. In 1838 he was made a member of the Académie des sciences morales et politiques, and in 1841, at the age of thirty-six, he was elected to the Académie française, where he kept his social life, particularly in the years under Louis Napoleon after his political life had come to an end. He gave a lecture on political science at the Académie des sciences morales et politiques in 1852, distinguishing that discipline from the "art of governing" because it centers on the logic of ideas rather than the gross commonplaces necessary for governing. But Tocqueville's political science took its logic from the commonplaces by refining them instead of opposing and refuting them as did the theorists of liberalism.

America was not the only destination for Tocqueville. He had traveled to Sicily in 1827, resulting in his first writing. After his American trip he went to England in 1833 and to England and Ireland in 1835, eager to observe the progress of democracy in the most liberal country of Europe, interested in the decentralized administration of government that he had found in America, and seeking to study the difference between the English aristocracy and the French. He also went to Switzerland (1836) and to Algeria (1841, 1846). He wrote reports on poverty (*Memoir on*

Pauperism, 1835), slavery, and the colonies. In 1850, having left politics, he undertook to write the book on the French Revolution that he had long contemplated. It was a project he did not live to complete, yet he did publish the first part, *The Old Regime and the Revolution*, in 1856. This was to be a "great work," he said in a letter to Kergorlay, a "mixture of history properly speaking with philosophical history," which would provide a broad judgment on "our modern societies" and their probable future. And he declared that he has "no cause but that of liberty and human dignity." In leaving politics he remained in politics, and in studying history he taught philosophy.

Chapter 2
Tocqueville's praise of democracy

Tocqueville does not begin by praising democracy, and he never praises it to the skies. He awards praise only as he describes it in action. He begins *Democracy in America* by saying that democracy is a fact, a "providential fact," thus stepping back from the attitudes of its promoters and its opponents (for in his day there still were opponents). Democracy is on the rise everywhere and has come to fruition in America, he states. It does not need to be promoted and it cannot be opposed. Tocqueville believes that both the promoters and the opponents do more harm than good, and especially the promoters because they are more in harmony with democratic times, hence more seductive than the reactionaries. Democracy must first be analyzed and assessed for its strengths and weaknesses, and then it can be usefully praised with a view to confirming the former and counteracting the latter. Tocqueville appraises democracy rather than assuming it to be good or the only legitimate government.

The image of democracy

What is democracy? Tocqueville defines it first as equality of conditions, as a way of life; only when he comes to the Puritans does he begin to describe it as a form of government. Democracy as a way of life is not so worthy of praise as when it means self-government. To its definition as equality of conditions we might object that there are manifest inequalities in democracy today—let alone in his time—to which he would respond that conditions were becoming more equal, that it is in the nature of democracy to become more democratic, as if equality were the only lasting goal even if it is always an unfinished goal. He has in mind the contrast between democracy and aristocracy, between individuals in motion, rising and falling, and a fixed hierarchy of class distinctions. To introduce democracy he presents it as a seven-hundred-year-old trend, dating from the opening of the ranks of the church's clergy to all, not only to nobles—a hidden trend now coming to view "in broad daylight" in America, the country where Tocqueville came to seek "the image of democracy itself."

Yet, unlike liberal theorists, he does not set forth the logic of the image, even though he says he will explore its "theoretical consequences." He turns to the actual practice of democracy in its "point of departure," the coming of the Puritans to America. The Puritans called themselves pilgrims because they came to America on behalf of an idea rather than for money or adventure, and the idea, though primarily religious, was also a political theory of democracy in which the people are sovereign, ruling all society, regulating mores, and establishing public education. Democracy appears not only as equality but as self-government that presides over a democratic society or "social state." The point of departure is a certain kind of society, democratic as opposed to aristocratic, not the state of nature of liberal theory, in which all are individuals and society does not yet exist.

Democracy is a certain social state that is not very sociable. An example in America was the change in inheritance law from primogeniture to equal inheritance or inheritance by choice. Primogeniture is designed to keep aristocratic landed estates intact and to nurture family pride in one's forbears, while equal inheritance releases individual selfishness from family ties and induces thoughts of the future rather than the past. Equality penetrates all society, sometimes as a passion for competitive excellence elevating humble men to the level of the great—a "manly and legitimate passion," Tocqueville calls it—sometimes as a depraved taste for envy, prompting the weak to drag the strong down to their level. Instead of the state of nature producing democracy, as in Hobbes and Locke, democracy produces something like the state of nature, individuals not necessarily in conflict but not strongly bonded with one another.

How are democratic individuals to be strong, not weak? Tocqueville does not say they will necessarily be one or the other. His concept of the "social state" separate from politics sounds like sociology, a science just getting started in his time. But in contrast to sociologists and to other social scientists today, he does not believe that social characteristics determine politics, for to think so ignores the weight of politics on society that he illustrates with the law on inheritance. Does that law come from the social state or determine it? Tocqueville equivocates, for he says that the social state is both a product of fact or law *and* a first cause of most social behavior. The importance of political liberty appears to be at stake: What good is political liberty if politics is the consequence of a certain social state and cannot decide important questions? So, despite saying that the social state may be considered the first cause of its way of life, he proceeds to speak of the sovereignty of the people—implying the importance of who rules but leaving the impression that democracy is ruled by its social state as much as it rules itself.

Tocqueville goes so far as to conclude: "The people reign over the American political world as does God over the universe." The people are "the cause and the end of all things." But if the American people are like God, they would seem to replace God as sovereign. Man, not God, is sovereign, which is a definite change in the Puritan idea that he called the "point of departure." Puritan democracy was a theocracy, and Tocqueville would not be a liberal if he wanted that. Political liberty sets limits to democratic politics, preventing the state from the strict regulation of mores that we today call "Puritan," because it wants democratic individuals to be free. Tocqueville is a champion of the principle of separating church from state. But he endorses the democratic politics that the Puritans brought to America because one is not free unless one rules. In this confusing proportion between man and God, he shows that liberty has both a debt to religion and a claim against it.

The township

Free individuals by themselves are weak, and Tocqueville must explain how they become strong, so that democratic equality results in strengthening them rather than encouraging their envy. What strengthens individuals is association—a key topic in Tocqueville that he approaches through his discussion of the New England township. In aristocracy, individuals are fixed in a hierarchy between those on whom they depend and those who depend on them. Hardly "individuals," they have their associations supplied for them. But in democracy, men are free—or deprived of—these bonds and must make their associations for themselves. To do this they have a natural disposition to associate with other men at their disposal, second only to their self-love—again a contrast to the "state of nature" that conceives individuals to be at war.

Township is both natural and fragile. It is "so much in nature that everywhere men are gathered, a township forms by itself," yet among civilized nations it is found only in America. The reason is that township government is like a "primary school" of freedom, immature and inexpert, which higher authorities are always tempted to interfere with and set right. Only America has the wisdom, or the good luck that Tocqueville has the wisdom to point out, to keep the township intact. Tocqueville calls it a *form* of government because it is orderly, open to view and public; it is government neither hidden nor remote but in broad daylight. The township, to be sure, is authorized by the state governments to which Tocqueville turns next, but he begins his analysis of democracy as a form of government from the bottom up, where it is most spontaneous.

The dogma of the sovereignty of the people says that each individual is "as enlightened, as virtuous, as strong" as anyone else. Yet if he is to accomplish anything beyond his own individual powers, he must associate with others; and if he associates, he must obey those who have been set in charge. Tocqueville uses the English word "selectmen" for those in charge of a township; if he had said it in French, he might have called them the *elite*. Now since each individual is declared equal in capacity to any other person, why should he obey? He obeys not because he is inferior but because it is useful to obey. He swallows his pride for the sake of accomplishing something, such as the building of a road, that he cannot do by himself. And at the end he still has his pride, the pride of accomplishment together with the pleasure of being sociable. He has learned, as if in primary school, that he can obey and still be free. In the introduction to *Democracy in America*, Tocqueville had said that democracy in Europe has been "abandoned to its savage instincts"; here in the American township, it thrives while enjoying the legitimacy it lacks there.

In the township America teaches itself how to live in freedom, and with his analysis Tocqueville teaches America what it is doing. He admits that township government is not found everywhere in America, and he no doubt exaggerates its virtues, urging them with his praise. If the sovereignty of the people worked from the top down instead of from the bottom up, as in France, it would be imposed and would not be felt. Township government, with many elected offices, satisfies many petty ambitions and attaches citizens to their government as their own. It habituates them to the forms of government, "forms without which freedom proceeds only through revolutions." Democracy thrives through elections, and, Tocqueville says, it is not that America has elections because it is prosperous, but it is prosperous because it has elections.

Another form that teaches self-government to Americans is the jury, "a school, free of charge and always open, where each juror comes to be instructed in his rights." In England the jury of one's peers was an aristocratic institution, but in America it is democratized. It teaches citizens how to judge, which means how to execute general laws, of the kind democratic legislatures are eager to pass, in particular circumstances where equity may require some adjustment. It teaches "each man not to recoil from responsibility for his own acts"—a manly political virtue, he says. Tocqueville endows the jury with great power. It is the "most energetic means of making the people reign"—perhaps a deliberate exaggeration to suit his strategy of advising or urging in the guise of praising. And what makes the people reign "is also the most efficacious means of teaching them to reign." In America, a free people learns by doing, not by consulting a theory before acting.

In general, judging moderates the sovereignty of the people, showing them that their sovereignty has limits, that it must be expressed in laws, and that even good laws, when executed, may be too harsh. At the same time the election of judges in American states reveals that in elections generally the people have an arbitrary power of dismissal that cannot be fully justified or remedied. However controlled and moderated the people's sovereignty may be, it retains an element of the irrational. The sovereignty of the people may be finally no more rational than that of a monarch; both have their whims. Freedom cannot be made altogether reasonable, and free citizens who see their party and their candidates lose must learn to accept the people's decision with equanimity.

In view of the political advantages of the township and the jury, Tocqueville makes a distinction concerning centralization in government that is still often cited. Centralization of the government is good if it joins together the force of common interests, but centralized administration in executing government enervates people who submit to it because, by demanding uniformity, it tends to diminish "the spirit of the city" in them, the practice of self-government combined with resistance to outsiders reflected in the local freedom of the township and the jury. He admits that centralized administration may be more efficient, but it feeds on itself, becoming ever more invasive and clumsy, oblivious to the harm it does when it takes administration out of the hands of the people, spurning their free cooperation, and keeps it in bureaucrats who direct it from the center. France is the epitome of this error, as the administration of the monarchy by such ministers as Cardinals Richelieu and Mazarin set a bad example that was followed by the French Revolution. The United States, however, with its federalism, kept local administration alive and followed the good example of administrative decentralization in England—another instance of an institution adapted from aristocracy and democratized.

The system of federalism in America is the union established under the Constitution, and Tocqueville turns from the township, described as a natural and spontaneous form, and from the individual states, also called natural, like a father's authority, to the union, called a "work of art." He delivers an encomium on the constitutional founding of 1787–89, praising the Americans as a "great people warned by its legislators" of a crisis, looking upon itself for a period of two years, sounding the depth of the ill, finding the remedy at leisure, and submitting to it "without its costing humanity one tear or drop of blood." This achievement was "new in the history of societies." In keeping with the principle of the sovereignty of the people, Tocqueville first gives the credit for it to the American people, later praising the founders and the Federalist party for leading the way. He calls them "the finest minds and noblest characters that had ever appeared in the New World." He seems to suggest that sovereignty is sometimes best shown not in assertiveness but in patience and deference to those with superior virtue.

Associations and self-interest

What a sociologist today might call a group Tocqueville calls an association. The word implies that society is made from associating oneself with others (the French verb is reflexive). Associating is natural to humans, if less so than acting on one's own. But in democracy, all are equal and hence independent of one another; so the passion for equality tends to individualize citizens. Association has to be accomplished and cannot be taken for granted. Tocqueville calls almost any grouping of more than two people an association: marriage ("the conjugal association"), a private club, a joint business venture, a political party, a township, a nation, even the human race. Here is another singular feature of his liberalism. Whereas John Stuart Mill, a more typical liberal, does his best to defend the value of individuality in not conforming to majority opinion, Tocqueville expands on the benefits for liberal society of associating. He is less confident than Mill that individuals can be taught to stand up to the majority, and he wants also to persuade the majority that it need not demand conformity.

Political associations are the first kind he considers, and in the second volume he adds a distinction between political and civil associations. These are both informal associations of what he calls "civil society," a term widely used today to refer to the realm between the state and the individual. But Tocqueville uses it also for the township, as well as for the other forms of government. To associate is, or tends to be, political; it is an act of political liberty. Tocqueville says that a civil association is one between those of a similar interest, and a political one is among dissimilars, but he does not seem to have his heart set on the distinction, for he actually calls his chief example, the temperance societies of nineteenth-century America, civil at one point and political at another. In the United States today such associations as the National Rifle Association or the American Association of Retired Persons are composed of people with a similar interest, but are obviously very political too.

The reason that political and civil associations are not distinct is that Americans learn how to associate from associating in politics. The people schools itself, Tocqueville says, first in regard to the township and the jury, then speaking of associations generally: they are to be considered "great schools, free of charge, where all citizens come to learn the general theory of associations." Now what *is* that general theory? Tocqueville does not define it, but he does refer to both an art and a science of association, somehow combining human action and human understanding in such manner that the theory arises from the actual practice of association.

The theory is such that the people can learn it. Associating is a kind of free schooling because it is relatively painless and does not place unreasonable expectations upon democratic citizens, who are, after all, human beings. Americans expect to put themselves first and do not believe they are required to be selfless. The American (or Anglo-American) doctrine is summed up in Tocqueville's famous formulation, "self-interest well understood"—meaning in the first place a self-interest one must think about. Tocqueville does not say it is his doctrine, but that Americans believe in it.

In noting American reliance on self-interest, Tocqueville differs from much current discussion on democratic participation, sometimes called "communitarian." Communitarian sentiment is opposed to self-interest; it wants to be altruistic and selfless, for the common good as opposed to selfish or market-oriented. For him, sentiment on behalf of the community comes out of one's self-interest and is useful to it rather than selfless and opposed. Today it is also assumed that the only community is a democratic one, community among equals, as in the phrase "democratic participation," but for him there is also aristocratic community, individuals linked in a hierarchy. And democratic community, we have seen in the township, utilizes and gives opportunity to the talents and ambition of unequal individuals while constructing itself out of equal individuals.

Of course, much depends on what is included in the "well understood" (*bien entendu*) part of the formula. It is sometimes translated "rightly understood" as if benefit that is not immediately in one's interest could be rightly understood as self-interest. Or is it better to suppose that self-interest "well understood" needs to be accompanied by things that seem not to be in one's interest, such as honor and virtue?

The issue arises in the discussion of the "necessity of forms" in democracy, a theme throughout the book. In his summary at the end, Tocqueville remarks that democrats "do not readily comprehend the utility of forms; they feel an instinctive disdain for them." Forms or formalities are institutions (with rules and officers) or mores (ceremonies, rituals, courtesies, and "dressing up") or legalities (for example, due process of law) that show respect for others and enable common action with people who are not friends or family. To democrats, these often appear to be mere technicalities, inconveniences that delay or get in the way of the rapid consummation of their desires. They seem fussy and irrational in a democracy, like "standing on ceremony" as if you wanted to appear more or less than you are. But this, for Tocqueville, is precisely their virtue.

Forms place barriers between men, as when formal offices create inequalities between government and people. They place obstacles between men and their desires, when formalities require certain ceremonies or polite manners. They require respect for due process when they compel government to pass a law instead of issuing a decree or acting on a whim. They keep distances among men when they enforce respect for privacy or dignity. Democratic peoples disdain forms because they want to go directly to the object of their desires, preferring action to dignity, sincerity to politeness, result to correctness; in sum, substance to form. Such peoples are naturally impatient by virtue of their equality, which relieves them from having to "behave" and please others more important than they. Self-interest in its primary meaning suits this disposition, as it requires looking at everything for one's advantage, as we say today pragmatically, rather than for its propriety. Yet precisely democratic peoples, who respect forms less, need them more. Their principal merit, says Tocqueville, is to serve as a barrier between the strong and the weak, especially between the government and the governed, forcing the former to slow down and enabling the latter to have time to reflect. Self-interest well understood, for Tocqueville as opposed to his Americans, is to live in a society where one is prevented from going directly to one's self-interest but compelled to do so legally or constitutionally or conventionally or respectfully or formally.

Self-interest, then, both supports associations for their utility and undermines them if they become inconvenient. The readiness to form them is matched by the temptation to ignore or dissolve them. So Tocqueville emphasizes the tumult and agitation "constantly reborn" of political activity in the United States, something he says one cannot understand without having witnessed it there. The activity of associating is especially associating for some new idea or moral purpose, and in America the habit of freedom is even stronger than the love of freedom. In the restive activity and energy of associations the true superiority of democracy to despotism can be found.

Another aspect of self-interest that needs to be "well understood" is the democratic mores (*moeurs*) of Americans. Tocqueville takes for granted the calculation of self-interest in economic activity, but he adds to that the practical experience, habits, and opinions—the mores—that sustain society. Any reader who does not feel the importance he has given to mores, he says, has missed "the principal goal" he proposed to himself in writing his book. Mores were featured in the political philosophy of two eighteenth-century mentors of Tocqueville, Montesquieu and Rousseau, and played a role in the rise of nineteenth-century sociology. Classical political philosophers would have spoken of law in a wide sense (*nomos*), including both written and unwritten laws, but Tocqueville accepts

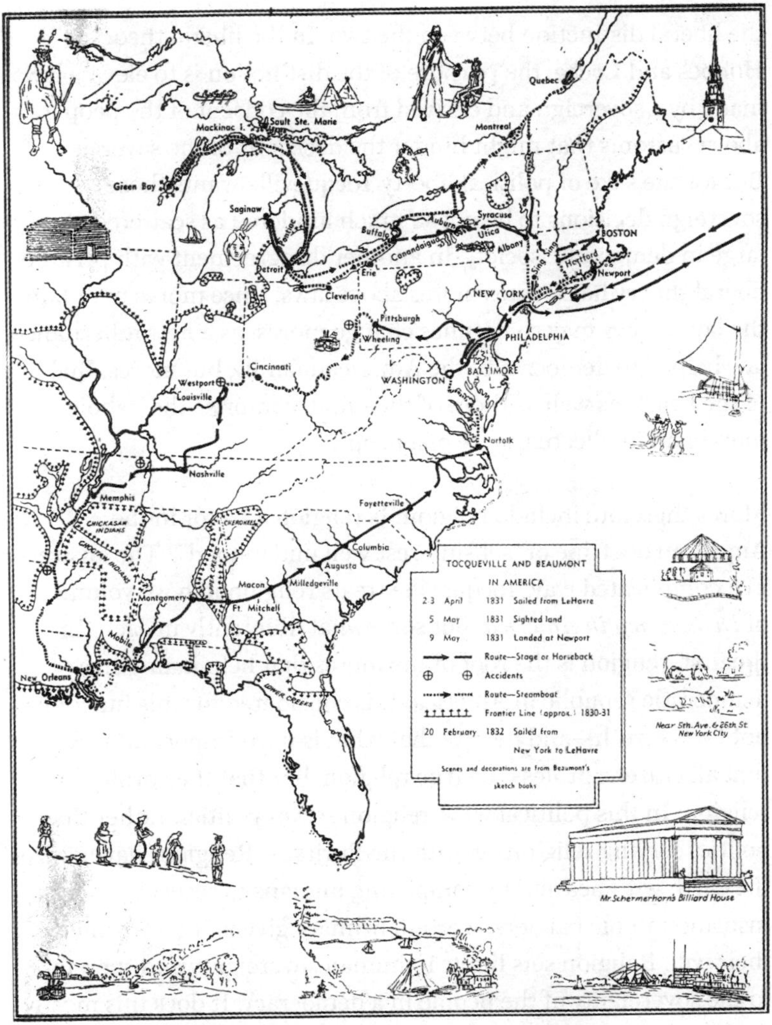

5. Tocqueville and Beaumont's travels in America in 1831–32. Tocqueville was only twenty-five years old when he and Beaumont departed for their nine-month journey.

the liberal distinction between the two. In the liberal theory of Hobbes and Locke, the purpose of the distinction is to elevate laws made by a sovereign and derived from the consent of the people above customs that might hinder the decisions of the sovereign. But for the sake of political liberty Tocqueville wants those sovereign decisions to be not so much hindered as scattered at large in democratic society. In another disagreement with pristine liberal theory he elevates mores above laws, since mores maintain the laws. Laws may sometimes change mores, as a new inheritance law helped to democratize the American family, but mores, "habits of the heart" as well as those of the mind, comprise the "whole moral and intellectual state of a people."

Mores therefore include religion. Is religion a factor in the American doctrine of "self-interest well understood"? The answer: in a complicated way. Tocqueville treats religion in both volumes of *Democracy in America*, but somewhat differently in each. In the first, religion is the root of the mores that help maintain a democratic republic in America. It is considered for this function, not for its truth—and he says that what is most important is not that all citizens profess the true religion, but that they profess a religion. In this political view, religion serves politics, rather than politics serving religion, as with the Puritans. Religion "harmonizes the earth with heaven" by compelling humans to respect insurmountable barriers, "certain primary givens" that restrain their will. Religion sets limits to human sovereignty and therefore to the sovereignty of the people in a democracy. It does this mostly through women rather than men, for democratic men are hardly to be restrained in their desire to become rich, but women make mores, and religion "reigns as a sovereign over the soul of woman."

The weight that Tocqueville assigns to mores in politics, he thus assigns also to women. Paradoxically, one sees in his discussion of women in volume 2 that the condition of women's influence is that they stay out of politics themselves. The same condition applies to the clergy. Tocqueville firmly supports the separation of church and state, and the main reason is that religion loses its concern for the other world when it interferes in the politics of this world. To secure its power, religion must keep its purity—and then, when it stays out of politics, it can have the most power in politics—for the sake of fostering restraint. Both women and the clergy hold their power indirectly, by refraining from exercising it directly. Together religion and the family represent an indispensable nonpolitical supplement to politics that keeps it under restraint with the reminder of a higher and more intimate life than political life. Both religion and family are, however, in a sense political because they are necessary to self-government.

Thomas Jefferson wrote the last letter of his life (on June 4, 1826) about the Declaration of Independence he had authored and in it did not hesitate to insert a swipe at "monkish ignorance and superstition" as the enemy of Enlightenment. For Tocqueville, despotism can do without religious faith, but freedom cannot. Though Americans do not allow religion to mix directly in government, he says, it should be considered as "the first of their political institutions," not so much giving them their taste for freedom as facilitating their use of it. In their minds they "completely confuse Christianity and freedom," a conclusion enabling him to avoid judging how sincerely Christian Americans are. Americans believe religion to be useful, but it would appear to be useful only if they believe in it because it is true, rather than as a political institution. Religion cannot be "well understood" in the manner of self-interest, as if Americans were impiously looking on their religion from outside it in order to conclude that their piety is a good thing.

In this context Tocqueville, leaving Jefferson untouched, inserts a swipe of his own at those in France who condemn Americans for not believing with the atheist philosopher Spinoza in the eternity of the world. In the introduction to *Democracy in America* he had put among the "intellectual miseries" of Europe the parties that set religion and liberty in fierce opposition, and clearly an alliance between the two is the first principle of his new political science and a distinguishing feature of his new liberalism.

Although the religion the Puritans brought from England was democratic and republican, religion in general is "the most precious inheritance from aristocratic centuries." There are a number of aristocratic features of democracy in America that Tocqueville brings to our attention singly. While noting each one, he never adds them up—perhaps because the sum would make aristocracy too conspicuous. For him, aristocracy and democracy are successive eras in history, and aristocracy as a whole, as a principle, has left the scene, gone for good. But if aristocracy is gone for good, it is no longer a danger to democracy. Tocqueville can help us appreciate its virtues and charms without seeming to stand up for its defense. He does not attempt to mix aristocracy with democracy, and he declares resoundingly that the mixed regime is a "chimera" because in every society one always discovers "one principle of action that dominates all others." In rejecting the mixed regime, Tocqueville abandons the central strategy of classical political science and casts doubt on the idea of liberal pluralism. But he retains the idea of mixing holdover aristocratic features into democracy as long as its principle is not challenged.

Democracy and aristocracy are two wholes, each being a way of life driven to make itself absolute, thus constituting "as it were, two distinct humanities." So Tocqueville declares at the end of *Democracy in America*. Yet he wants to moderate the absolute and partisan character of the democratic humanity without challenging the democratic principle of the sovereignty of the people. He leaves it to his readers to sum up the democratic mores and institutions that are said to be aristocratic in origin or character. Besides religion, he mentions the jury, once aristocratic as being judged by one's peers, now democratized. America's devotion to local self-government, to free speech, and to its free press also come from aristocratic England. Democratic associations are artificially created substitutes for the influence of "aristocratic persons," and lawyers with their love of order and of legal formalities comprise a conservative aristocracy within democratic America. The "secondary powers" Tocqueville repeatedly recommends as a cure for democratic centralization are natural to aristocracy, and so are the democratic forms he praises: indeed, the American Constitution was made by the Federalist party and inspired by its "aristocratic passions."

Most striking in this list is Tocqueville's attribution of rights to the English landed aristocracy. The idea of rights was brought over from England not in the political philosophy of John Locke (his name does not occur in the book) but, he says, was taken from the practice of English nobles who stood up to the king, preserving individual rights and local freedoms. In America "freedom is old, equality comparatively new." So in speaking of the practice, mores, and institutions of freedom, he does not introduce rights as the *basis* of practice, as in the Declaration of Independence where men are "endowed by their Creator" with rights prior to the existence of government, but as the practice of self-government itself.

Rights must be exercised with "a political spirit that suggests to each citizen some of the interests that make nobles in aristocracies act." That spirit could remind one of the spiritedness (*thumos*) that Plato and Aristotle describe as bristling like an animal in defense of one's own interests. It is altogether different from economic and social rights guaranteed by government, known today as "entitlements," which are intended to provide security to individuals. For Tocqueville, rights are derived from virtue, from "virtue introduced into the political world." That virtue would prompt one to risk one's security in the defense of liberty—like the signers of the Declaration who mutually pledged their "sacred honor"—or in everyday practice, to abandon the comforts and complacency of political apathy and join an association or run for office.

In using the word "aristocracy," Tocqueville refers to a distinct form of humanity alternative to democracy, but not to the literal sense of the word: "rule of the best." He means a landed aristocracy of noble families. But the aristocratic features of America come from England, and he therefore speaks not only of Americans but frequently of "Anglo-Americans" when he wants to call attention to the continuity—in some regards—between English aristocracy and American democracy. One can say further that Tocqueville's liberalism relies on the nation as well as the social state, rather than the social contract, to describe liberal society. When dwelling on the Anglo-Americans, he says quite pointedly that he will never accept that men form a society merely by recognizing the same head and obeying the same laws—namely, the social contract idea. Instead of that idea, he recounts the actual covenant that the Puritans adopted in God's name and not for the sake of individual self-preservation, as with liberal theory. That America acquired its identity partly from the English stamped it quite differently from what it might have received from another nation and not only in what we today call ethnicity. Its politics and religion, even its philosophy and morals, for example, the notion of self-interest well understood, came to America from England and characterize the dual nation of Anglo-Americans.

What particularly distinguishes the Anglo-Americans from all other peoples is the sentiment of pride, and this is particularly true of Americans, who have "an immense opinion" of themselves. Even their religious zeal "constantly warms itself at the hearth of patriotism," and they send preachers to the frontier as much to improve their country as to save souls. American patriotism is distinct from the England's because it is inspired by democracy rather than the native land and comes out of the exercise of self-government. It is made rather than inherited, and rational, reflective, and enlightened rather than instinctual. For when citizens are active in government as in America, they take credit for the result. They see a connection between their own interest and the common prosperity, and as they work for both, their pride becomes mixed with the desire to become rich. Tocqueville endorses what we now call the American Dream of hard work rewarded, but with emphasis on its basis in politics. American patriotism is "irritable" and annoying to visiting foreigners like Tocqueville, because national pride aggravates and justifies the vanity of each individual so that one is permitted only to praise, never to criticize. It is a consequence of democratic freedom at work, but with significant borrowing from English aristocracy.

Pride is a great feature of Tocqueville's new liberalism. "I would willingly trade several of our small virtues for this vice." He says this against "moralists" who complain against pride, and it applies as well to the formal liberalism of Hobbes, who wants pride or vainglory to be subdued by government, and Locke, who reduces it to a feeling of insecurity or uneasiness. Both thinkers put the right of self-preservation to the fore, declaring that fear for one's life, rather than pride in one's virtue, is the strongest natural desire in humans. For them, and for liberalism in general, pride is the enemy of liberty because it induces the desire to dominate others; and it is contrary to self-interest because a proud person easily becomes hot and fractious, abandoning calculation and charging forward imprudently. Tocqueville disagrees, but he ironically accepts that pride is a vice and adds it to the list of things apparently against one's interest but comprehended in self-interest well understood.

Tocqueville believes that the desire to dominate is not the passion most to be feared in democracy and that the habit of calculating one's interest works more against liberty than for it. In the matter of pride, he shows what he fears as well as what he praises in American democracy. He praises its self-government and the pride of accomplishment by free human beings, giving evidence of their elevation above the rest of nature that merely obeys and cannot rule itself. But he also observes that democracy acts against pride and tends to subdue it, as when a rich man runs for election. The intent of democratic moralists and liberal theory toward this very end has been achieved in great part by democratic society acting on its own and without their advice. Yet in humbling the proud, democracy creates a pride of its own as necessary in its way as the pride of aristocrats in aristocracy.

Because pride is so important to liberty, Tocqueville returns to the soul. Pride means that you are conscious of your self, hence above yourself—one elementary meaning of "soul." The soul can take a view of the self, an approving view in pride, a reproving one in shame. Such a soul introduces, or reintroduces, complication to his notion of human nature. He speaks frequently of the "soul." His new liberalism is liberalism with soul, as it is indebted to the old notion of soul that liberalism tried to replace with the self. The liberal self had an interest in gain that was not complicated by the critical view of a soul above the self. The liberal self was not capable of pride or shame and unlikely to be satisfied; it just wanted more. Tocqueville does not simply return to the classical notion of an orderly soul, but he invokes the classical and Christian notion of an elevated soul.

Thus the main fear Tocqueville expresses in the introduction to *Democracy in America* is that democracy as seen in Europe degrades souls. Aristocracy, he says, was based on the belief that the nobles' privileges were the immutable order of nature, an illusion to be sure, but considered legitimate by the people who had to obey. Democracy, however, has not established legitimate institutions there to replace aristocratic privileges that have been overturned, and the people, though no longer "serfs," obey existing powers out of fear rather than love and respect. Obedience from fear is acting out of urgent necessity, which degrades the soul because the people feel the shame of their base surrender to authority, even to democratic authority, and cannot respect themselves or think themselves free.

The cause of this depressing condition is not so much moral faults as certain "intellectual miseries" in the present landscape of Europe. These same errors are at work in the actual democracy in America, where citizens feel proud and believe their government to be legitimate and their obedience to it reasonable.

Chapter 3
Informal democracy

Tocqueville approves of the formal democracy in America that gives effect to the sovereignty of the people. He praises the constitutional forms, conceived in all their calculated complexity by its founders, the simple, spontaneous form of the township brought to America by the Puritans, and the art of association that underlies them. These forms enable the people to govern themselves effectively and, as a result, to live sensibly and prosper economically. They make political liberty possible because they *are* political liberty, which is liberty in practice, not merely in theory. In governing themselves, the American people feel the pride that goes with being free, while making a success of democracy.

Majority power

Yet Tocqueville sees there is an informal democracy more powerful than the formal one. Forms of association provide structure—both hierarchy and procedure—that enable people to work together—but these channels or enabling devices are also barriers that delay or obstacles that prevent the will of the people from getting its way immediately. They can bring frustrated, impatient pride instead of pride in accomplishment. In the second part of the first volume of *Democracy in America*, Tocqueville announces a shift in his presentation from the principle or dogma of the sovereignty of the people (announced in chapter 4 of the first part) to its actual governing. The second part begins with the chapter title "How one can say strictly that in the United States the people govern." He declares that "the opinions, the prejudices, the interests, and even the passions of the people" have "no lasting obstacles" to their will. The people govern through a representative form of government, but they choose their representatives frequently, direct them, and keep them dependent. Moreover, "the people" refers not to a formal body never acting but to the majority that rules in their name.

Informal democracy is just what the old, formal liberalism tried to forestall with the ideas of representation and separation of powers. Hobbes and Locke conceived of a formal democracy in the state of nature, but it had only a fleeting existence, if that, and its purpose was to legitimize a sovereign that would govern in the name of—that is, instead of—the people. Locke and Montesquieu, seeing that the people's representatives might be unfaithful, worked out a formal separation of powers that would compel the government to check itself. And *The Federalist* perfected these two fundamental forms of free government, so that the American Constitution was entirely representative in every branch and the separated powers were set in a new, improved balance, together with a newly invented federalism. These measures were carefully designed to "refine and enlarge" the people's will through elections, and if that did not happen, to provide "auxiliary precautions" to deal with a runaway government or an unruly people, installing the reason of the people to regulate its passions.

Tocqueville disagrees, and his "new kind" of liberalism abandons the hope of the old liberalism that a democratic beginning, in the state of nature, can avoid a democratic conclusion in the government that results. Liberal forms designed to keep the sovereign people under discipline will simply be overrun. To say that there will be no *lasting* obstacle to the people's will implies that immediate whims may be curtailed... but maybe not. It is an idea closer to Rousseau (one of Tocqueville's acknowledged masters) than to the liberals whom Rousseau also criticized for their sophisticated stratagem of having the people be represented instead of ruled. But Tocqueville did not accept, and did not allude to, Rousseau's proposal to substitute a new form of the social contract for liberal representative government. Whatever forms theorists offer, the democratic people will eventually do what it wants.

Having asserted that the people strictly rule, Tocqueville moves to the informal instruments of its rule, and first to political parties. Parties are not properly speaking about ethnic identity (as we would say) but divisions over common interests affecting all groups equally. They are an evil inherent in free governments, he says, agreeing with the traditional disesteem for them, and they may be divided into great parties, parties of principle like the Federalists and the Jeffersonians, and small parties without ideas that are concerned only with holding office. Yet even small parties such as the Jacksonian Democrats at the time of Tocqueville's visit to America have "secret instincts" that refer to the two great parties to be found in all free societies—the democratic instinct for extending the power of the people, and the aristocratic desire to restrain them. Informally, even in democracy, where the people are sovereign, there is a party that wants to restrict them, as if aristocracy even when discordant were irrepressible in human nature.

The free press in America is a weapon of its parties and also an informal factor in the sovereignty of the people. Government by the people is government by their opinions, which they choose: the power of the press is to formulate the opinions that the people choose. This is the power of the enlightened, but in the United States there is no intellectual capital equivalent to Paris, and the enlightened are dispersed so that they cannot readily address the whole nation. The spirit of the journalist in America by contrast to France, where he has more power, is one of coarse attack, appeal to passion, avoidance of principle, and scandalous revelations.

In sum, a free press is a mixture of goods and evils that has to be accepted as such, there being no tenable middle between a press completely free and one silenced and enslaved.

Another feature of informal democracy, also a mix of good and bad, is the political association. Americans enjoy an extreme freedom of political association that is considered dangerous even among liberals in Europe. Yet it sometimes happens, Tocqueville says, that extreme freedom can correct the abuses of freedom. This does happen in America, where there is great tolerance of opposition, as in the nullification crisis of 1831 to which he alludes. But such action comes often at the cost of sacrificing independence of thinking within the association as it seeks a united front. Such associations do good because by seeking change they "weaken the moral empire of the majority," yet by seeking the consent of the majority they also endorse its moral force. The sovereignty of the people implies the equal capacity of each and the moral force of all, but in fact it is the rule of the majority over each in the name of all.

Majority tyranny

Tocqueville makes his way carefully in this part of *Democracy in America*, as if he wants to break the news in stages. He had spoken about tyranny in the first part of the first volume, where he praises American forms of government, but never in regard to the majority. The phrase "tyranny of the majority" appears in the chapter on political associations, then is featured in the title of the seventh chapter on the "omnipotence" of the majority, which in the body of the chapter comes out as the "tyranny" of the majority and finally as a new "despotism." This is the specter behind the sovereignty of the people, which, up to this point, had been developed and praised.

Omnipotence, Tocqueville says, is safe with God, because His wisdom and justice are equal to His power. But with imperfect human beings this is not the case. Omnipotence in the human sovereign brings tyranny, not necessarily but probably, unless there is a guarantee against it. Tocqueville does not want his sovereign people to take over God's sovereignty intact as proposed in the liberal principles of Hobbes, Spinoza, and Locke.

But what is the guarantee against the majority in the United States? Public opinion forms the majority; the legislature represents and obeys the majority; so does the executive; the military is the majority under arms; the jury is the majority issuing decrees. The rule of law is no guarantee against majority tyranny, as Tocqueville shows explicitly in his phrase "the tyranny of the laws." He defines tyranny as rule against the interest of the ruled, as distinct from arbitrariness without law. So law can be an instrument of majority tyranny, and arbitrary rule can be used in the interest of the ruled, though if it is absolute it is not likely to be. Tyranny is one-man rule, except that when a majority acts tyrannically, it thinks and moves as one man. In America, the majority is flattered by its courtiers and "lives in perpetual adoration of itself," just like Louis XIV.

Majority tyranny has a new character under democracy. Under monarchy ("the absolute government of one alone") despotism would strike the victim's body in order to reach his soul, but democratic despotism "leaves the body and goes straight for the soul." Democratic despotism, to use Tocqueville's phrase in volume 2 of *Democracy in America*, is "mild despotism," not torture and execution but moral and intellectual domination, not hard but soft. Yet it is not all soft. In a footnote Tocqueville gives two examples of majority tyranny: in Baltimore, two journalists who opposed the War of 1812 were killed by a mob of the war's supporters, and in Philadelphia, black freedmen were kept from voting by intimidation. The second example of racial discrimination Tocqueville takes up at length in a remarkable chapter on the three races—white, black, and Indian—in America.

This chapter, the last in the first volume of *Democracy in America*, and the culmination of its treatment of the sovereignty of the people, is by far the longest. The subjects covered are particularly American, Tocqueville says, dealing with the three races in connection with the future of America. But his deeper intent is to reveal the nature of majority tyranny and what can be done to prevent it, by way of an analysis of pride and freedom.

The two most offensive instances of majority tyranny in America were, and still are, the virtual extermination of the Indians and the enslavement of blacks. Tocqueville studies the three races, not merely the two subject races, because he wants to show the effects of tyranny on the tyrant as well as on the victims. Tyranny, defined as "not in the interest of the governed," emerges in modern peoples especially because they have been taught to believe in the omnipotence of man rather than God, "the right and the ability to do everything."

Tocqueville says nothing about the natural or inherent superiority of a race. Rather, the three races are distinguished by the pride they show, or the lack of it. The white or Anglo-American in the New World Tocqueville calls "man par excellence," for he treats other races as a man would treat a beast, man over nature. He tyrannizes two subject races, which hold two opposite extremes. The Indian in his barbarous independence represents the extreme limit of both pride and freedom, and the black is kept down in the opposite extreme of servile imitation and slavery. The behavior of the two subject races is quite contrary: the black accepts white civilization and tries to join white society, which rejects and repels him, while the Indian, proud of his ancestry and confident of the bounty of nature, refuses white civilization and remains aloof. The Indian knows freedom, but because he lives under the illusions of his nobility, he cannot control himself and cannot preserve himself. The black knows how to preserve himself but cannot find dignity in being the possession of another man, so cannot improve himself and be free. Each extreme situation reveals the result of majority tyranny as an abuse of pride: too much pride brings the fate of the inflexible Indian, too little brings the subjection of the black. Without a due concern for pride the white majority could suffer the same calamitous misfortune it imposes on its victims. Reason needs to be linked with pride in order to produce freedom, for in democracy it can always seem reasonable to trade freedom for administrative efficiency. But pride needs reason to temper its illusions and to bring it to submit to civilization. To civilization, Tocqueville makes clear, not merely to expertise.

In endorsing pride, Tocqueville again differs from liberalism in the original form laid down by Thomas Hobbes. His theory claims that men must not merely temper but renounce their pride in order to produce civilization. In the state of nature men live in a state of war, a war of all against all, and in that state the

6. A sketch by Tocqueville's friend and traveling companion Gustave de Beaumont, of himself and Tocqueville (reclining against the fallen tree), along with an Indian guide who led them through the wilderness in Michigan.

illusions of their vanity need to be plunged into a cold bath of fear for their self-preservation. After this experience, either in fact or imagination, men are ready to be civil and accommodating, if not servile, to their fellows in civilized society. For Hobbes and his many followers, freedom and pride are in conflict, and the lesson is that civilized men must learn to be sensitive and get along.

Tocqueville takes a course opposed to this, displayed in this same chapter. Instead of a social contract constituting a trade-off of pride for civilization, he wants to retain human pride as being inseparable from human freedom. The Indian with his primitive freedom must be combined with the black and his willingness to be civilized. The result would be a "white" who preserves his freedom because he keeps his pride and who preserves himself because his dignity is not based on illusion. Of course such a "white" would not have to be racially white, but whites as they are would have to renounce their prejudice against the two subject races—which Tocqueville does not think likely.

When slavery is allied with race, as in America and in modern slavery generally, the slave is marked forever by his color. The prejudice of the white sees him as inferior in humanity, somewhere between a man and a beast. Liberals may assert—and the Declaration of Independence may declare—that all men are created equal, but the claim actually makes slavery more difficult to abolish because the whites do not see blacks to be fully human. A despot could abolish slavery in America, as the European powers abolished it in their colonies.

Democratic Americans, however, take pride in the equality of whites only, while at the same time (even in the North) they fear revolt from the slaves. The racial pride they show is not understood by liberal theory, which glosses over the question of race, and the fear they reveal works against racial equality instead of in its favor, as supposed by liberal theory. The proud behavior of the Indians, rejecting the ways of whites, shows that liberal theory takes the attraction of civilization for granted and does not understand that one must submit to it. The prejudice of whites, rejecting the blacks, shows that, despite the penchant of democracy contrary to pride, pride does not disappear and must be dealt with, and wholesome objects found for it. The pride many Americans reveal in their prejudice must be turned to the advantage of pride in the freedom of self-government. One cannot merely equalize all pretensions in the state of nature and proceed to a social contract, as liberals often presume in their theories.

Tocqueville agrees with liberal theory that slavery is unnatural, but not because we all begin equally free in the state of nature. Indignantly he exclaims that in slavery we see "the order of nature reversed." Yet in another sense of nature, it was all too natural for Europeans to enslave a different race they perceived as inferior—it was understandable. The order of nature is for the best, but the best is not achieved automatically; indeed it faces obstacles from the pride natural to humans. Liberal theory believes it has conquered pride in the state of nature, and it aligns the order of nature (natural law) with the most powerful human passion, fear for one's self-preservation. For Tocqueville this is an elegant but too simple solution. His thought on democracy is absorbed with pride, and he focuses not merely on opposing prejudice and abandoning false pride, as we do so readily today, but rather on the more difficult task of finding a remedy for *lack* of pride. Democracy is uncomfortable with the pretensions of pride, which always imply some sort of inequality, but it needs the pride to be found in its own sense of importance and accomplishment as seen especially in its politics.

Almost immediately after introducing majority tyranny, Tocqueville speaks of the "power that the majority exercises over thought." He makes the flat statement that "I do not know any country where, in general, less independence of mind and genuine freedom of discussion reign than in America." It is not that a dissident need fear being persecuted or burned at the stake, but that *nobody will listen*, and he will be dismissed from consideration, finally shushed. This is an "intellectual" violence that closes the mind and, more effectually than the Inquisition, takes away from authors even the thought of publishing views contrary to the majority's opinion. Tocqueville cites as evidence the fact that "America has not yet had great writers."

Of course Tocqueville's own book was translated and published in America soon after it appeared in France, apparently regardless of the majority's opinion. But several times in the book he shows himself wary of being thought hostile either to America or to democracy, and particularly at the beginning of volume 2, where he declares his unwillingness to flatter either the great parties or the little factions of his time. Moreover, a modern reader might respond that America's great writers, such as they are, were soon to appear: Nathaniel Hawthorne's *Scarlet Letter* in 1850, Herman Melville's *Moby-Dick* in 1851, to mention only two. James Fenimore Cooper's *The Last of the Mohicans* (1826) came out in time for Tocqueville's consideration in this judgment. Still, one would not want to run afoul of his stricture against Americans, none of whom, he says, can stand the least criticism of their country.

In the chapter on freedom of the press, Tocqueville remarks that there are three kinds of opinion: belief, doubt, and rational conviction. The last is achieved by very few; most people live in belief, during ages of religion, or in doubt, in the democratic age. Here is one of his brilliant paradoxes: he says that in times of belief, people will change their opinions when they are converted, but in times of doubt they hold to their opinions. Why the latter? When men doubt, they see no better opinion than their own and feel no closer interest, which is likely to be a material interest easily compatible with stubbornness, prejudice, and fixity of opinion.

A free press, therefore, does not induce people to live by rational conviction or by truth. Claims made today for the press that the people have a right to know are too lofty. Most people do not live on the basis of knowledge but of complacent opinion. They are skeptical: "You can't believe what you read!" And we say today that the media always get it wrong. Consequently we believe that we are right, there being no authority above us to say we are wrong. Democrats like to pride themselves on independence of thought, which is just the kind of independence they display the least. Tocqueville identifies two hidden advantages of a free press: employment for the ambition of talented writers using their vulgar cleverness against one another, and stability of opinion engendered by the very confusion that enables people to distrust or dismiss what they are told.

In volume 2 Tocqueville addresses the authority of science, which attempts to produce rational conviction of a sort in the people, halfway between full knowledge and uninformed opinion. But in this discussion he lays stress on both the "inestimable good" that a free press provides and the irrational self-indulgence of the majority that it nourishes in the name of enlightenment. With characteristic moderation he measures it against both a regime of censorship, a usual contrast for liberals, and reason in the highest sense, not so usual. The result is quite a different picture from the paean to "liberty of thought and discussion" to be found in John Stuart Mill's *On Liberty*, published in 1859, the year of Tocqueville's death.

Mill was a friend and, as reviewer of *Democracy in America*, an early patron of Tocqueville, but they differed deeply in their view of the relationship between reason and pride. Mill believed that the prejudice of ordinary people could be overcome by persons now called "intellectuals," who could direct society without actually governing it; he regarded human pride as an impediment and political liberty as an instrument of progress in knowledge. Tocqueville sees pride as both good and bad for democracy, bad when it enthrones the prejudice of a democratic majority, good when it helps to correct that prejudice in the "free school" that political liberty provides. For him, the highest reason represents "the last refuge" of human pride, and though theoretical discoveries may lead to social improvement, they must be undertaken for their own sake. Humans are distinct from animals by their reason; this is the reasonable basis of pride and must be respected in those who are capable of the highest reason. But most humans use their reason, most of the time, to take pride in defending their prejudices. Spreading prejudice is the occupation and calling of a free press.

Equality and similarity

Behind informal institutions is the informal sovereignty of public opinion. In this Tocqueville agrees with Mill, but he is far less optimistic. Mill believed that public opinion could be led by intellectuals like himself, exuding enlightenment, but Tocqueville, while agreeing that the few are more enlightened than the many, thought it more likely that intellectuals would be led by public opinion than lead it. They would not be listened to if they tried to lecture and exhort in the manner of Mill; they would be compelled to serve public opinion. Democratic intellectuals such as Mill tend to be more democratic than the democratic people, while reserving an exception for themselves as instructors of the people. True, Tocqueville himself seeks to "instruct democracy," as he says in the introduction to *Democracy in America*. But he does so through candid analysis of its virtues and faults, mixed with muted praise, rather than by arguing for democracy and blaming its opponents. Without indignation he calmly contrasts democracy with aristocracy.

Public opinion has greater power in democracy than in aristocracy because in the former all are equal or thought equal. No individual or group has more authority than the people, so no one can stand up visibly against them, as happens easily in an aristocracy. The rule of public opinion is in accord with the democratic social state, the Tocquevillean concept that is both prior to politics and determined by politics. Though public opinion in fact rules in a democracy, it does not *seem* to rule because it has no identifiable representative to whom one must listen. It is, to be sure, formed by intellectuals, politicians, and journalists, but since all claim to follow it, no one takes responsibility for it. When public opinion changes, replacing favor with disfavor or vice versa, it does so without explanation, as it is not accountable to anyone. Some may try to interpret public opinion, but public opinion will not say whether they are correct. Its sovereign decisions are not subject to reason, and one cannot object to them that they are inconsistent or short-sighted. Public opinion will be heard but will not listen when it does not wish to.

Democratic public opinion rests on equality, but the nature of this equality needs to be considered. How does democracy deal with obvious natural inequalities? In a democracy each person thinks himself equal to everyone else. The thought of equality is more powerful than the fact of inequality because it can create equality when it does not find it. Your neighbor may be richer than you, but if you think of him as your equal, that is what he becomes. Tocqueville uses the notion of one's similars (*semblables*), or those like oneself, to denote the creative power of democratic public opinion. Your neighbor is not exactly your equal but is someone like you, despite being more or less rich or beautiful or intelligent. Therefore you can treat him as equal, which means that his inequalities do not confer any authority on either him or you.

One must apply the notion of *semblable* to Tocqueville's statement that the democratic revolution is bringing greater equality of condition, a statement some readers object to because it seems to overlook obvious inequalities that continue in what we call "democracy." But what we *call* democracy *is* democracy. Democracy is the rule of equals and unequals, both considering themselves similar to one another. People perceived equal are equal in fact as opposed to equal in the abstract, an equality seen rarely if ever, and conceived by liberal theorists as the state of nature. Tocqueville replaces the so-called natural equality of man with the conventional equality of those who think all others are like themselves. Yet the conventional equality of similars is not simply arbitrary; it stands on the basis of the pride in human nature, by which each thinks himself important. For one can feel proud in having no superior (democracy) as well as proud in being superior (aristocracy).

When you bow to public opinion, you are not bowing to a particular person or group that might seem to be in authority over you. The vagueness of public opinion not only protects it from being accused or held accountable but also permits it to be an authority without feeling like one. Similarity in a democratic people makes democracy feel natural even though it is in good part conventional. While accepting the distinction between human nature and human convention, Tocqueville does not try to sharpen it in the manner of liberal theory, opposing the two as if they were hostile to each other, but instead he blends what is given with what is made.

Pride is both flattered and humiliated in the working of democratic public opinion. When one individual compares himself to another, he feels proud that he is the equal of each, but then when he compares himself to "the sum of those like him," a vast body of people, he is overcome by the sensation of his own insignificance. Thus general opinion "puts an immense weight on the mind of each individual," enveloping, directing, and oppressing him. The more people resemble one another, the weaker one person feels in face of all the others. He begins to distrust himself when he finds himself in disagreement with the majority, so that the majority "does not need to constrain him: it convinces him." That is why great revolutions are rare in democracy, Tocqueville says. Democratic peoples have neither the time nor the taste to seek out new opinions; they stay with the familiar despite its faults regardless of the humiliation they suffer because they are subject to the majority.

Material well-being

Beneath public opinion is the taste for "material well-being," as Tocqueville calls it. The first time he uses the phrase he speaks of its influence on political opinions, particularly visible in foreigners who come to America and prosper. A fellow Frenchman he met on his journey had been an ardent leveler of wealth in France but had learned from his success in America, his opinions changing with his change in fortune and himself no longer a leveler, to discourse on the right of property like an economist or a materialist: Tocqueville brings up the connection—which might seem to be a stretch—between the philosophical doctrine of materialism and the popular taste for material well-being. Both doctrine and taste have an informal power in America, making for a charmless soft mediocrity in several phases of democratic life. He devotes a sequence of seven chapters in volume 2 to the taste, but already in the introduction to volume 1 he had harshly condemned the doctrine, and those who would "make man into matter," as insolent, usurping, and unworthy.

It would seem from the unnamed Frenchman's example that the taste for material well-being in America causes the doctrine in its favor—so that economic opinion is determined by economic interest or class, as in Marxism. But Tocqueville does not take this path. He maintains that the taste for material well-being (in volume 2 also called "material enjoyments") arises out of democracy. It has a political rather than an economic cause, and does not come from capitalism or the spirit of capitalism as Max Weber holds. What is this taste? Tocqueville discusses its character and also connects it to its apparent opposite, the soul—for there is something immaterial about material well-being in American democracy. The democratic soul has its own restive nature derived from the taste for that very thing.

Americans do indeed have a taste for material things, arising from their exceptional situation, that will not be found in all democratic nations, and Tocqueville uses the occasion to deny that America will be the model for them to imitate. America is so extreme in this taste that one must go there to see the power it exerts—this being the second thing, after its facility in making associations, that Tocqueville says one must witness to appreciate. In discussing the three races he says that the northern white has material well-being for the principal goal of his existence, which shows that it is not uniformly dominant. Yet despite these qualifications, he asserts that equality, by some "secret force," makes the passion (not just a taste) for material enjoyments and "the exclusive love of the present" that goes with the passion predominate in the human heart.

What is the secret force? In the chapter on the taste for material well-being in volume 2, Tocqueville again compares democracy with aristocracy. The aristocrat disdains material well-being and can do without necessities, while the democrat can hardly survive without well-being. In our time one could think of modern plumbing, considered a necessity in all democracies. Material well-being is in the middle between rich and poor; the poor want it, the rich are not too proud to insist on it; it spreads with the growth of the middle class. It requires effort to achieve and is indulged only with anxiety. It is a tenacious, exclusive, universal passion, but it has petty aims to which the soul cleaves. Though it prompts democratic peoples to excesses, it is restrained, and Tocqueville says that he reproaches equality not for carrying away men in pursuit of forbidden enjoyments but rather for absorbing them entirely in the search for permitted enjoyments. "They fall into softness rather than debauchery." The taste for material well-being is honest and decent, but only because it lacks great ambition: "It is as difficult to escape the common rule by one's vices as by one's virtues."

A decent desire to acquire the goods of this world is the dominant passion in America, but not the only passion. Tocqueville suddenly brings up a discussion of the soul in this context, at once counteracting the dominant passion and explaining its secret force. Gazing at the picture he draws of itinerant preachers who find their congregations in the wilderness of the West and bring to them an "exalted spiritualism" not seen in Europe, he discloses a truth of human nature. Man, he says, has a taste for the infinite and a love of the immortal. These sublime instincts are not creations of his will but anchored in the immovable foundations of his nature, and they can be hindered or distorted but not destroyed. The soul is not satisfied with enjoyments from the senses; it has needs of its own that must be satisfied and that cannot be distracted for long before it becomes bored, restive, and agitated. The American is restive or restless (*inquiet*) in a manner reminding of the philosophy of Pascal, one of Tocqueville's heroes.

What does this mean for the American doctrine of self-interest well understood? In speaking of the love of the immortal in human nature, Tocqueville implies that one cannot understand everything as coming from the self. Nature is the source of this love, and nature, not man, has made the self. Moreover, love of the immortal seems even to be an extension of the dominant passion, for the desire to acquire becomes the love of the immortal when out of dissatisfaction with the material, it breaks the "narrow fetters that the body wants to impose." Thus material interests are moved by the greater strength of what he wants to call "immaterial interests of man," an impressive expansion of the "well understood" in self-interest. Self-interest in this capacious sense is bound to the self by "material bonds," the human context, but its immaterial truth is above the self. Even Americans implicitly acknowledge that their passion for material things cannot satisfy them—though the experience of transcending materialism may be confined to a few individuals. The soul has needs Americans do not understand, and so when the soul breaks away from material interests, it meets no limits and surges beyond common sense to infinity.

Equality turns men to material goods because it overturns any aristocratic authority above them that would lead or compel them to turn their imaginations to the future and to sacrifice their material interests for a long-term goal. Democrats live in the short term; they have their minds on the present. And what is in the present, visible to all without need for instruction or sacrifice? Material goods. The trouble is that the material goods one acquires increase the thirst for more, bringing discontent rather than satisfaction. In a democracy one is free to change one's place, one's job, one's home, and since Americans set their hearts on the good things of this world, and always more of them, they must always be on the move and in a hurry. No law or custom keeps them where they are. So Americans are grave and sad; they cannot have what they want; life is too short, there are too many choices.

Americans, it is true, unite their taste for material well-being with love of liberty and concern for public affairs, but there is no necessary connection between them. It will often be inconvenient to exercise your political rights, so that self-interest can lead you to neglect your chief interest in this world, which is to remain your own master within the sovereignty of the people. The quest for prosperity is legitimate, but when it causes man to lose "the use of his most sublime faculties," then by wishing to improve everything around him, he degrades himself. "The peril is there, not elsewhere."

Tocqueville accompanies this editorial with a discussion of the doctrine of materialism. Materialism, he says, is a "dangerous malady of the human mind in all nations," but particularly in a democratic people because it combines with its "most familiar vice of the heart." In itself materialism is not democratic, and of course there were materialists in ages of aristocracy. All materialists offend him, as he finds the doctrine pernicious and the materialists themselves revolting in their pride. The doctrine teaches men not to care for politics and morals, even though modern materialism accompanies democracy. One might try to draw from materialism a specious moral lesson telling men that since human matter is no better than other matter, a man should hold a modest idea of himself. But instead, materialists take inordinate pride in declaring that men are nothing more than brutes, acting "as proud as if they had demonstrated they were gods."

The essence of the lawgiver's art, Tocqueville says, is to appreciate the characteristic bent of human societies so as to see where to support the efforts of citizens and where to hold them back. In a democracy, lawgivers and all honest and enlightened men should elevate the souls of their fellow-citizens and turn their attention toward heaven, as they do in America. They should do their best to make spiritualist opinions reign, but to do so is not easy. Socrates and Plato triumphed over the ancient materialists, and their fame, even the survival of their writings in contrast to the mere fragments handed down from the ancient materialists, is owed to the admiration men have for the immaterial part of man. This is not a proof of the truth of spiritualism, and it does seem on the basis of Tocqueville's account that spiritualism would best prove its own truth through the fact that people believe in its truth, that is, through an account of human nature and its aspiration to life or the goal of life beyond the material—to the spiritual.

Now the only simple, general, practical means of teaching man that he has a special value and a special responsibility is to teach him that he has a soul and in particular that the soul is immortal. This means to teach religion. But as a liberal Tocqueville wants only to elevate religion and to hold its spiritualism in honor, and not to establish an official philosophy or church. When the church becomes political, it acquires worldly interests and loses its moral power, hence its political power too. To maintain Christianity, Tocqueville says memorably, "I would rather chain priests in the sanctuary than allow them to leave it." The result in democracy is dispute or conflict between the desire for material enjoyments and religion. The dispute is one that Tocqueville wishes to keep alive because it arises from the human heart, which has room for both a "taste for the goods of the earth and a love of those of Heaven." The human heart spans the distinction between democracy and aristocracy, and provides the ground for Tocqueville's animus against materialism in democracy.

Chapter 4
Democratic despotism

The greatest danger to democracy comes out of democracy. To see it one must return to the most striking difference between the two volumes of *Democracy in America*. After discussing the sovereignty of the people in volume 1, Tocqueville changes his outlook noticeably in volume 2. Instead of the people's sovereignty he tells of a new "individualism" that overturns their conscious sense of governing themselves and installs the "immense being" of big government; instead of majority tyranny, he describes a new "mild despotism" resulting from that government. To give evidence of the change: he does not use the phrase "mild despotism" in volume 1, and no longer refers to "tyranny of the majority" in volume 2. In substance, the change is from conceiving the main danger in democracy as a majority tyranny of active oppression, illustrated in enslavement of blacks, to a mild despotism in which the majority passively surrenders the willful, restive, proud nature characteristic of a tyrant and becomes a "herd of timid and industrious animals."

With this change of words and meaning in view, some scholars have gone so far as to claim that the two volumes are about "two democracies" distinct from each other, and it has become common practice to refer to the first as the 1835 *Democracy* and the second as the 1840 *Democracy*. Perhaps this goes too far. Certainly Tocqueville had time for second thoughts in the five years intervening between the two volumes. Admitting some difference, he says in a letter that the first volume is more about America, the arena of democracy; the second more about democracy itself—but this describes a change of focus rather than opinion. More authoritatively, he says in the "Notice" at the beginning of the second volume that "the two parts [volumes] complete one another and form a single work."

With this express denial, not of a difference, but of an incontinuity in the two volumes, Tocqueville leaves it to his readers to notice the change and to make sense of it on their own. When describing majority tyranny in volume 1 he had already said that the worst of it was tyranny over the mind, not over the body. Perhaps the new democratic despotism is a deliberate development in his argument out of informal democracy rather than a complete change of outlook.

Tocqueville says further in the Notice that he had spoken in the first volume of laws and political mores, and now in the second will discuss "civil society," which means sentiments, opinions, and relations not directly political. Ultimately they are also political, however, and so in the fourth part of volume 2 he returns to describe their influence on democratic politics. Democracy is not only the forms of government and the social state of the American people described in volume 1, but also the way of life, the end of society. Volume 2 shows how democracy looks with respect to its end or aim. Now Tocqueville says, as he had not quite said before, that he is neither an adversary nor a fawning friend to democracy and will therefore speak sincerely. His main target is not its aristocratic enemies, whom he has dismissed as obsolete, but its unwise friends, considered especially in the first part of volume 2, on the democratic intellect.

The democratic intellect

Tocqueville, it has been emphasized, presents American democracy in its practice, as learning by doing and not through philosophical ideas. But in the first part of volume 2, he turns to philosophy to consider not the influence of philosophy on democracy but of democracy on philosophy, on "intellectual movement in the United States." This is an early instance of the phrase "intellectual movement," perhaps the first, and he uses it in the singular, not "movements" in the plural as we would today, to indicate that he wants to see how—and if—the democratic mind works. He has said that democracy is "irresistible," meaning not to be resisted, but it turns out that there are alleged "friends" of democracy who use the word differently. They believe that human beings have no choice but to submit to large, impersonal forces that determine their lives and rob them of the possibility of voluntary, mindful ("intellectual") movement toward the goal of democratic liberty.

Who are they? Tocqueville describes two types of intellectual he regards as harmful, pantheists and democratic historians. But at the beginning of his discussion he singles out one individual, the seventeenth-century French philosopher René Descartes, for special treatment. Americans, he says, give less attention to philosophy than anywhere else in the civilized world, yet all of them use one uniform method for intellectual inquiries, which is to rely on individual effort and judgment, the very method of Descartes. It is in America that his precepts are "least studied and best followed." Its democratic social state both alienates them from philosophy and inclines them to adopt his maxims. In that state men do not hold to tradition, nor do they accept the opinion of a class; seeing no superior to themselves, they come to trust only themselves.

Here is a strange view of Descartes, not usually considered a political philosopher and surely not a democrat, now declared by Tocqueville to be the author, without intending it, of the democratic "method" (Descartes's own term). Here too is a strange view of Americans in thrall to, or living in unconscious agreement with, a French philosopher none of them have ever read. Descartes, whose most famous teaching is to question authority, is himself an authority in America in all but name. His attack on authority has become an authority justifying the sovereignty of the individual. It is hard to say whether Tocqueville has made Descartes or his ignorant American fellow-thinkers more ridiculous. Descartes's philosophy of "clear and distinct ideas" boils down to the clumsy sovereignty of each nonphilosophical American, who knows essentially what he knows without needing to read him. Yet the Americans absurdly place an authority in the people who, if they were following Descartes, should have been consumed with doubt. With such vulgarization and contradiction, what kind of intellectual movement is this?

To explain the democratic mind, Tocqueville reflects on the nature of the human condition. All intellectual, as opposed to instinctual or spontaneous, movement requires the use of one's own mind. To use one's mind means doubting the authority of what one is told. Yet if thinking is to produce action, one must stifle one's doubts. No individual has the time or ability to think through everything for himself, and no society could survive without common action and common ideas. Even the philosopher has to make assumptions, as no one can think about everything at once.

From the need for authority Tocqueville makes an easy transition to the need for belief, as both society and individual must accept a "first foundation" on faith, in truth a kind of enslavement, but a necessary "salutary servitude." Both Descartes and the democratic social state that replicates his philosophy exaggerate the power of human reason. Reason cannot replace authority and establish the autonomy of the individual. All human reason can do is to change aristocratic authority into democratic authority—but it can do this. Man is not by nature "perfectly free," beginning from a condition where there is no authority, as Hobbes and Locke supposed. Democracy is not created from the state of nature in which there is no authority, but rather by democrats who deny the authority of anyone or any class above themselves. In doing so each feels the pride of being equal to every other individual. Yet each is overwhelmed at the same time with a sense of weakness and insignificance in comparison to the "great body" of all other individuals. Democratic authority, therefore, has two opposite effects on the mind: bringing the mind to new thoughts in the denial of tradition and custom and at the same time inducing it to give up thinking in the face of public opinion.

From the need for belief, Tocqueville remarks that the democratic mind loves to generalize. This is a weakness, he thinks. God, who sees both similarities and differences, has no need of general ideas, but man needs the convenience of gathering like objects under the same form. Americans show more interest in general ideas than do their "English forefathers," who represent America's aristocratic past in England as distinct from its democratic point of departure in the Puritans who opposed English aristocracy. Aristocrats have an instinctive distaste for generalities, preferring to consider men one or a few at a time, but democrats develop an ardent and lazy passion for them because they begin from the apparent fact that everyone near them is almost the same as they are—those like oneself, the *semblables*. Out of democratic equality comes the habit of thinking in terms of hasty generalization and in fear of being profound. This democratic failing prompts Tocqueville to a new discussion of religion. In volume 1 he had considered religion's utility to democracy and shown how it "teaches Americans the art of being free." In volume 2 he turns to the truth of religion.

Religion helps Americans to think by delivering them from doubt. While Descartes's philosophy imposes the requirement of doubt, especially of religion, religion in Tocqueville's eyes rescues a democratic people from the enervation and paralysis produced by doubt. Men need "very fixed ideas for themselves about God, their souls, their general duties toward their Creator and those like them," for without these they would be at the mercy of chance, subject to disorder and impotence. Religion imposes a "salutary yoke on the intellect," and if it does not save men in the next world, it is useful to their happiness and greatness in this world. It provides answers to the greatest problems, without which men, lacking the ability to think on their own, will be reduced to the cowardice of not thinking at all.

Descartes, or any philosopher, might say that doubt shows greater awareness and freedom than belief. To read Plato, one would find a less flattering view of Tocqueville's "salutary yoke" in the picture of the cave in which Socrates says most men are imprisoned. But Tocqueville says to the contrary that, for most men, doubt leads to a surrender to chance, because doubt questions whether anything happens regularly or predictably. If men believe that chance rules human events, they will let things happen as they will and not attempt mindful, free action. Religion reassures us that chance does not rule and confirms that human intentions can succeed, human actions make sense.

One could object that religion in its intellectual aspect is still judged for its utility; but now, one could answer, it is judged for the utility of the mind in directing action. Religion is good for democracy because it inspires instincts contrary to the love of material enjoyments and because, in doing so, it teaches one's duties to others. In both regards, religion is necessary to freedom. Tocqueville says he has been brought to think that "if [man] has no faith, he must serve and if he is free, he must believe." When one thinks of the hostility of the old liberalism to faith, here indeed is a "new kind of liberal." He presents religion as the public face of philosophy, rather its friend than its enemy, protecting philosophy from causing inadvertent harm—which it would do if let alone.

Pantheism is a religion-philosophy, a "philosophic system" that, as in Spinoza's system, encloses God and the universe, creator and creation, in a single whole. This means that God had to create as He did, that God is as much an effect of His creation as the cause of it. This means, too, that men are not capable of being directed by their minds, nor of being a first cause like the Puritans and are no more free than nonhuman nature. Pantheism is not only an expression of the democratic mind, as a general idea leveling all distinctions in nature and denying that there is any special status within nature for human beings. It is also an attack on the democratic mind or any notion of mind because it denies the human capacity to rise above the rest of nature by reflecting or acting on it. Pantheism is the logical culmination of scientific objectivity—giving no preference to human beings—and also, strangely enough, of democratic equality—the whole universe is democratic.

Yet immediately after his brief but important discussion of pantheism, Tocqueville brings up the idea of progress, which he calls "indefinite perfectibility." What is its relation to pantheism? Progress is the main positive belief of the democratic mind, despite its posture of doubt and its tendency toward blind fatality. Progress would seem to be mindful improvement of the status quo into something better; it would seem to be the main instance of "intellectual movement" such as he is considering. Now, progress is a human capability, distinguishing man from other animals and the rest of creation. Creation is therefore not a "single whole" as pantheism asserts, but a complex whole containing a being capable of change and creating anew—which is progress—distinct from the rest. The idea of progress is inconsistent with pantheism, and yet both are expressions of the democratic mind. Pantheism wants to generalize across all differences and distinctions, but the idea of progress insists on an exception being made of democratic men in order to show respect for the very democratic mind that is fashioning the generalization to make pantheism. Democrats say in effect that everything is essentially equal, except for the democrats who assert this point.

The inconsistency can be found within the idea of progress. Equality, Tocqueville says, *suggests* to Americans the idea of the *indefinite* perfectibility of man. Equality suggests but does not compel democrats to believe in progress, because compulsion would detract from the dignity of human invention, of conceiving and promoting a better way to be or do. And why is democratic progress indefinite? Progress can be found in aristocracy, but there it is definite; it is improvement toward perfection, or progress "within certain impassable limits." Progress cannot go beyond perfection, nor, given imperfect humans, can it do more than approach perfection.

Democracies pursue not perfection, but something different: "the image of an ideal and always fugitive perfection," an "immense greatness" always receding from view that can only be glimpsed confusedly. They do not know what perfection is, but they do not deny it either. They are unphilosophic because they deny any logic or truth outside themselves, yet at the same time they follow a "philosophic theory" of indefinite perfectibility that accepts the sovereignty of mind over matter, but awards the capability to progress to each person and every century. Tocqueville tells an anecdote of an American sailor, who explains that his country's ships are not built to last because progress is so rapid that old ships soon become useless. For Americans, the perfect ship does not exist, but somehow, without knowing what is perfect, we know vaguely, indefinitely, that new is better.

Thus the democratic mind has a theory of progress, but it is one that slights the pure theory of perfection and prefers application of theory to practice. "Equality develops the desire in each man to judge everything by himself; it gives him in all things a taste for the tangible and real and a contempt for traditions and forms." In the permanent bustle of democracy men have no leisure for the quiet meditation required for the "most theoretical principles," and they lack opinions expressing "the dignity, power, and greatness of man," that are valued in aristocracy and dispose the mind to love the truth. Tocqueville warns that progress depends on discoveries of pure theory that are less likely, though not impossible, in societies devoted to progress. Progress comes from those with a "disinterested love of truth" rather than from love of progress. Science, it appears, is not so much scientific method—the method of Americans—as love of truth. In their intellectual movement Americans do not know where they are going and have little esteem for the "contemplation of first causes" necessary for pure science. "In our day one must detain the human mind in theory," for the democratic mind prefers practice and does not to care to think profoundly on its own. In this part of *Democracy in America* Tocqueville reveals an appreciation of theory not so evident elsewhere in his book, but never absent. For the most part he describes, and then praises or blames, but here, as instructor of democracy, he presumes to give advice.

Tocqueville observes next that in cultivating the arts, Americans, though not blind to beauty, prefer the useful to the beautiful and want the beautiful to be useful. But then he makes a less obvious point by remarking on the spirit of American manufacturing. As opposed to aristocratic centuries, where the aim of the productive arts is to make the best possible product, Americans make scarcely any but mediocre ones, though everyone has one. Practicing a prudent and conscious mediocrity, their byword is "good enough," and they have discovered that you can get rich by selling cheaply to all. Still, one might wonder, how will Americans perfect their products if they do not see that to do something is to do it well? Even a mediocre product needs the model of the best if it is to improve. Tocqueville praises the painting of Raphael, a Renaissance painter he seems to consider aristocratic, for making us "glimpse divinity in his works." Divinity such as this stands above human perfection but inspires the human perfection necessary for democratic progress, yet it is not likely to be found in democratic times.

At this point Tocqueville raises the question of where greatness can be found in democracy. In democracy, individuals are weak, but the state or nation is great. Private individuals may live in small dwellings, but in their public monuments they imagine and display their desire for greatness. Americans have built for themselves an immense, artificial city (Washington, D.C.), still in Tocqueville's day scarcely more populated than a French town, for democracy typically produces many small monuments and a very few great ones, with nothing in between. Greatness in democracy is a work of expansive imagination, and his following chapters discuss democratic speech in its various forms, focusing on its characteristic exaggeration and vanity. These are the modes in which the democratic intellect expresses itself.

In literature, democratic writers despise the formal qualities of style that are prized in aristocracies. They are less artful, more bold and vehement; less erudite and profound, more imaginative and forceful; they seek to astonish rather than please, and to carry away passions rather than charm taste. One sees few great writers and thousands of vendors of ideas. The writers of antiquity, with their care for details and appeal to connoisseurs, are not much studied in democracy, where education is more scientific, commercial, and industrial than literary—though, Tocqueville adds, they are a "salutary diet" for democrats who want to excel in letters. The languages of democratic peoples reflect their desire for motion and innovation, their distaste for anything conventional and arbitrary, and their love of abstraction. Democratic poetry has an instinctive distaste for anything old and for depicting anything ideal. Instead, it opens to the future and seeks objects that are vast, such as the fate of all humanity. Democratic oratory is often bombastic, and democratic theater "becomes more striking, more vulgar, and more true"—always in comparison with aristocracy.

Yet the juxtaposition of two chapters at the end of the chapters on speech reveals the plaintive vanity at the center of the democratic intellect: how important is man when all men are equal? To answer the question, Tocqueville makes a particularly dramatic contrast between democracy and aristocracy. Historians in aristocratic centuries, he says, make all events depend on the particular wills and humors of certain men, but in democratic centuries they habitually attribute almost no influence to individuals in history and give great general causes for particular facts. It is true, he admits, that general causes explain more in democratic times, when individuals are indeed less effectual, but such explanations are dangerous because they subject individuals to an inflexible providence or a blind fatality. They imply that as man is not master of himself, he is not the master of events, thus not free. Democratic historians seem determined to show that progress is not a goal achieved consciously, voluntarily, by human beings: "Historians of antiquity instruct on how to command, those of our day teach hardly anything other than how to obey."

Yet the historians appear great themselves, seeming to dispose of the great causes they describe and complacently looking down on the rest of humanity unaware of the forces driving them forward. The following chapter on parliamentary eloquence in the United States looks to be unconnected to history but actually develops the same thought. In aristocratic parliaments the members, being aristocrats, have nothing to prove and are content to remain silent if they have nothing to say. In America, on the contrary, the representative is a nobody and is constantly stung by the necessity to acquire and display his importance as well as that of his electors, holding forth with frequent pompous and incompetent orations. The spirit of the democratic representative, who says that *he* is important, contradicts the spirit of the democratic historians, who presume that *man* is insignificant. Democratic man, it appears, has a desire to be honored, a desire unknown to himself to live in an aristocracy, where he would be honored as someone important. His generalizing mind, busy at justifying democracy, is at odds with his own individual mind justifying himself.

Democratic individualism

Moving from ideas to "sentiments," Tocqueville examines the feelings that characterize the democratic heart. The main one is a sense of weakness that he describes as "individualism." This is a word we now hear every day and in several senses, usually in a good sense, as in "rugged individualism." Tocqueville was not the first to use the word, but he was the first to make a point of it. He defines it in contrast to egoism or selfishness, a passionate self-love that is universally a moral vice. Individualism is democratic sentiment, reflective and peaceable, that disposes each citizen to isolate himself from the mass of his fellow citizens and to withdraw into his family, his friends, and himself. It is accompanied by the passion for equality, always stronger in a democracy than the taste for liberty, but it is itself more an erroneous judgment than a passion or a vice. That judgment, proceeding from the democratic social state, is the same one taught by the pantheists and the democratic historians: that the individual is impotent, that he is subject to vast, impersonal forces, and that public virtues are futile. Unlike aristocracy, where hierarchy binds men to one another and to the past, democracy puts them on a level so that, although they extend their good will abstractly and weakly to all humanity, they in fact take interest only in those nearest to them.

Not having endured a democratic revolution, Americans have less individualism than democratic peoples in Europe; in Tocqueville's phrase, they had the great advantage "to be born equal instead of becoming so." Since they are aware of their individualism, they "combat" it with free associations and with the strange moral doctrine of self-interest well understood, both of which he discussed in volume 1. Associations draw men from the private ease of individualism into public activity, engaging their self-interest and their ambition while promoting the common good.

The doctrine Tocqueville describes is again "self-interest well understood." It comes from American moralists prescribing for Americans, he says, and it is "of all philosophic theories the most appropriate to the needs of men in our time." It accommodates human weaknesses by turning personal interest against itself: "to direct the passions, it makes use of the spur that excites them." Yet despite the doctrine's ingenuity, he lets his doubts be seen in the contrast of democracy to aristocracy. Under aristocracy, men spoke of the beauties of virtue and secretly studied its usefulness, but now under democracy, the relation is reversed, and American moralists fear speaking of the beauties of virtue. Virtue that is beautiful might call for sacrifice, and democratic moralists, not daring to recommend that, search for an instance in which virtue is in one's self-interest and expand it into a general doctrine. Tocqueville names no American moralist, citing only Montaigne, but the most obvious American teacher of self-interest well understood would be Benjamin Franklin. Franklin's *Autobiography* shows how to make one's way up in the world while seeking only to help others and concealing all ambition.

Tocqueville in his analysis brings to the fore a subtle point that Franklin also makes, but not so conspicuously. He shows that in America it is not so much that self-interest needs to conceal itself as virtue—which is ordinary hypocrisy practiced in all human societies—but that in America, virtue needs to conceal itself as self-interest. To claim virtue in a democracy is to expose oneself as better than one's "similars" and thus to make oneself a target for envy. Tocqueville says that Americans "would rather do honor to their philosophy than to themselves," that is, would rather admit than deny they are self-interested. "Do honor to their philosophy" means do honor to the truth. But where does truth come from? Not from oneself. The doctrine of self-interest does not come from self-interest but from a disinterested pursuit of truth. So Americans contradict themselves; they *are* honoring themselves as acting on principle rather than interest despite their disclaimer. And Tocqueville, in praising Americans for their practice of political liberty, does the reverse of what he says Americans do: he honors Americans rather than their philosophy.

Self-interest well understood is not only contradictory but also too abstract. It implies that there is a universal human "self" that always acts or reacts in the same way. Tocqueville maintains, however, that this supposedly universal self is actually the democratic soul. In the series of chapters following the one on self-interest well understood, he again considers the taste for material well-being characteristic of democratic soul. He concludes that democracy produces a decent, moderate materialism that does not corrupt souls so much as it softens them. Americans are dissatisfied and "restive" (*inquiets*—a frequent term in Tocqueville) in the midst of their prosperity. Their belief in the doctrine of "self-interest" is not justified by human nature but determined by the democracy in which they live, and it is not in fact "well understood" by them.

In view of the typical restiveness of Americans, it is important that they have something long-term to work for—Tocqueville's next topic. It is the task of religion to free democrats, as much as possible, from the scramble for immediate satisfactions and to give them the habit of acting for a goal in the future. And when democracy is irreligious, because of its love of material well-being, this is also the task of "philosophers and those who govern." It is necessary to "banish chance as much as possible from the political world," not by using science to predict what will happen regardless of our desires, but to give the impression that honest effort will be rewarded. The belief that chance rules the world keeps a people passive and inert, whether because it makes virtuous sacrifice too risky if you think you are unlucky, or because it makes success seem too easy if you think you are lucky. Although chance cannot and should not be altogether banished from human life, since this would banish freedom as well, it should be reduced to the point where humans can reasonably believe they are sovereign over their affairs and in charge of their lives. Tocqueville sets this single guiding function for religion, philosophy, and politics alike. Governments must teach citizens that "great successes are found at the end of long-lasting desires." Thinking about their future in this world will bring them back, without being conscious of it, to faith in the next world. Virtue of the American kind, however disguised as self-interest, as long as it is lasting, can be shown not to be a dream or a gift of chance, but even grounded in the natural order of things. With merited "great successes," the American belief in endless perfectibility would be rescued from its restless anxiety and would receive some validation in reasonable confidence.

Never one to promise too much, however, Tocqueville fears that the American future may hold a new aristocracy created by industry. Much like Karl Marx, he anticipates that the democratic worker will be reduced to obedience and dependency as increasing division of labor narrows his vision and capacity, so that all planning and thinking is reserved for the industrial master. Such an aristocracy would be harsh, because it treats workers as things, but not dangerous, because it would not be organized in a ruling class. It is in the nature of democracy—Tocqueville does not speak of capitalism—to inspire instability and the love of chance. That is why democracies turn to commerce, which they do not merely for gain but for fun. Industrial crises are in the democratic temperament, hence impossible to foresee and endemic in democracy. The American dream of virtue rewarded is endangered by the complexity of commerce and subject to sudden surprise.

Two lasting democratic sentiments are revealed in Tocqueville's discussion and shown to be fundamentally irrational: the taste for material well-being and the passion for equality. The first flits endlessly, the second makes unceasing demands, and neither is capable of being satisfied. Both tend to weaken democratic individuals, the first by enervating souls and the second by depriving all authority and obedience of legitimacy. Yet by practicing political freedom and acting for the public good together with their interest, Americans show that they are serious about a whole of which they are parts and are not merely wholes by themselves. They refute "individualism" in their deeds without being aware of their virtue, or without realizing they would do better to acknowledge and claim their virtue. In advising them contrary to their moralists, Tocqueville would help them to understand their self-interest well.

Mores of equality

Tocqueville proceeds from ideas to sentiments to mores, each inspiring the next—mores being the behavior suggested by thought and prompted by feeling. In this part of his wonderful book he considers how democracy deals with stubborn inequalities that nature (the word occurs frequently) seems to set against it. What of the relation between master and servant under democracy? The apparent superiority of men to women? The desire for honor that craves distinction over others? In each case democracy does its best to equalize the inequalities, putting its best face on them, making them less harsh, less imperious, and less odious. It does not succeed in doing away with inequality but gives it a stamp reminding all of the fundamental truth of human equality underlying the compromise with inequality. At the same time democracy, even as it equalizes, supplies its own justification for these inequalities, and thus seems to admit that equality can go only so far and that human inequality is also a fundamental truth.

Tocqueville begins with his usual contrast, declaring that as social conditions become more equal, mores become milder and gentler than under aristocracy. He illustrates the point with one of the most striking passages in his book, quoting from the correspondence of Madame de Sévigné, an aristocrat of the seventeenth century, with her daughter. She gaily relates, amid gossip of the day, an incident of a taxpayers' revolt crushed by the torturing and hanging of those chiefly responsible and by expulsion of the rest, "all those miserable people," from their homes. His comment: "Madame de Sévigné did not clearly conceive what it was to suffer when one was not a gentleman." This passage should be read by anyone who believes that

Tocqueville was too favorable to aristocracy. Democratic compassion takes the edge off democratic self-interest and is surely part of self-interest well understood. But democrats too have their blindness to suffering, as in their behavior to slaves and to enemies in war, when they do not see themselves in those suffering, when they do not recognize others to be "similar."

Master and servant under aristocracy are permanently unequal, but in democracy they are only temporarily so because they are unequal only by contract, not by class or family. The aristocratic servant therefore takes on the personality of his master, his dignity derivative from his master's, his mores as haughty or sometimes more so. The democratic servant has no such penchant for proud servility; his dignity lies in the equality he shares with his master outside the limits of the contract, where master and servant are "two citizens, two men." But which—equal as citizens or as men?

Tocqueville says that the two are brought near to each other despite their apparent distance by public opinion, which "creates a sort of imaginary equality between them." Democracy is not quite in accord with nature, it seems; the natural equality that democrats allege needs a push from public opinion, which asserts that men are equal regardless of their station. Master and servant are two citizens who want to be no more than two men, the equality of nature not quite sufficient by itself, but in need of the convention of citizenship aiming at the equality of nature. Democratic equality is possible because democratic public opinion says it is. We see a political truth emerging from the discussion of a relationship in civil society: the social contract of official liberal theory, creating a distinction between those who command and those who obey, is not made by the consent of equal individuals in a state of nature but by citizens who are asserted by public opinion to be equal human beings. In Tocqueville's version, the contract does not create society but begins from it, and it does not assume the equality of human nature but attempts to preserve and in some measure to establish it.

The same political version of the social contract, the same correction of its official liberal version, can be pursued in Tocqueville's remarkable discussion of American women. Liberal theory before Tocqueville spoke of the "rights of man," meaning of human beings abstracted from sex. In our day this theory has come under attack for being too abstract, for overlooking the traditional, supposedly natural, inequality of women to men. Pre-Tocqueville liberals had little to say about that inequality, often seeming to take it for granted. Tocqueville corrects this neglect with five chapters on American women, praising them to the skies for their virtue and good works. There is no free society without mores, he says, and women make mores. Men pass laws, but mores are more important than laws. In his eyes there is "great political interest" in everything to do with American women.

The trouble is that Tocqueville praises American women for keeping out of politics and forsaking careers—anathema to most of them today. But one should not dismiss his reasoning merely because its conclusion is distasteful. There is more to be learned about Tocqueville's new liberalism from his discussion of women.

The influence of democracy on the family is to destroy paternal authority in the aristocratic sense, which is true "patriarchy" well beyond today's meaning of the term. Democracy equalizes father and child, overthrowing natural differences of age and sex, yet resulting in the tightening of natural bonds within the family even as peremptory authority disappears. Young girls, freed of their father's protective control, learn to manage on their own, controlling their own passions and developing their own judgment, soon losing their naiveté (of which they have less than a philosopher) and acquiring a "precocious knowledge of all things." They have, Tocqueville says memorably, "pure mores rather than a chaste mind." They pick up an education in mores by watching the world—the world of men, thus acquiring a manly education to replace the paternal authority they lack. Manliness is not solely a male quality, according to Tocqueville.

Yet when women marry they enter upon matrimony, whose "bonds," both moral and domestic, Tocqueville gives particular emphasis. In America, he says, women have a completely different destiny from that of men, for which they must abandon the light and free spirit of a girl and find happiness in the home with its duties and constraints. American women suffer the bonds of matrimony bravely, however, because they have chosen willingly to accept them. Tocqueville makes a point of their choice—the very word used today to describe a quite different life for women, in which they are not merely permitted, but invited and encouraged, to leave the home for a career or a job. For him, choice is not an escape from woman's separate destiny but a choice of with whom to live as a wife; though a woman will in most cases marry, she has the choice of a husband and does not have to accept the one chosen for her by her father. Here, in describing a choice we take for granted, Tocqueville lets us know that a free choice needs to be made wisely. Since divorce was rare in that day, a woman was not free to make a mistake and correct it; she had to be careful and responsible. A man would not so much choose a wife as be attracted to a woman, but the marriage was made by the woman's choice: a difference in the ways in which men and women approach marriage perhaps still noticeable today.

To make her choice and to live in her marriage a woman has the free exercise of her reason as well as the aid of religion, and in regard to women as everywhere in Tocqueville's book, reason and religion cooperate. Although he said in volume 1 that religion reigns as sovereign in a woman's soul, he now shows that this sovereignty is shared with reason. Partly due to the influence of Protestantism in America, partly also due to women's worldly education, religion there does not keep women in a state of credulous dependence on fathers, husbands, and clergy. American women are independent despite living under the "yoke" of marriage, and they practice what Tocqueville calls "virtue" and are today called "family values" by choice and reason rather than by submission to religious authority.

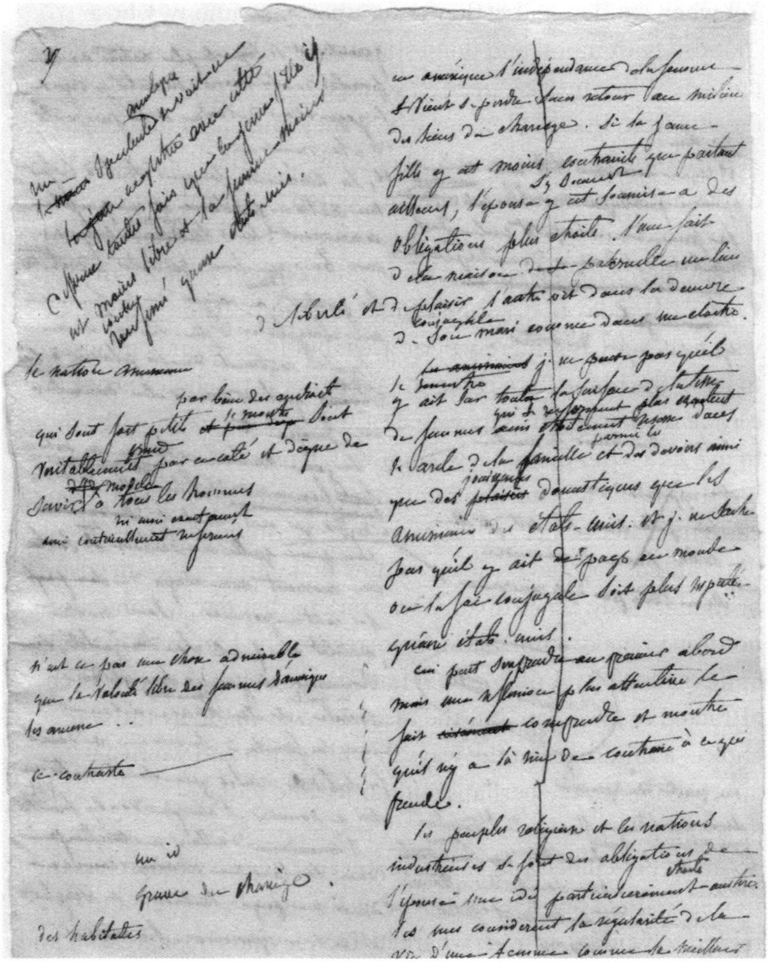

7. A page from Tocqueville's original manuscript of *Democracy in America*. Here Tocqueville discusses American women, in a chapter from the second volume called "How the Girl Is Found Beneath the Features of the Wife."

In America women think that a marriage needs a head, and that "the most natural head of the conjugal association is the man." The "most virtuous women" there glory in the "voluntary abandonment of their wills" (they *say* this) and are therefore much esteemed, while in Europe, where women are more in authority (even holding a "despotic empire"), they are regarded as weak creatures who must seduce men to get what they want. The "great inequality of man and woman" has until our time seemed to have "its eternal foundations in nature," a change Tocqueville does not challenge. He endorses it in the form it takes in America—or in the form he says he finds in America—with ringing words: "If one asked me to what do I think one must principally attribute the singular prosperity and growing force of this people, I would answer that it is to the superiority of its women." Quite a tribute! He does not say whether American women are superior to other women or to American men; maybe it's both.

American women today, insofar as they are eager for careers and anxious for status, are no doubt willing to forego Tocqueville's praise of their virtue in a sense now almost obsolete. But one should not overlook its philosophic content. Democracy stands for the sovereignty of the people, which we have seen requires the sovereignty of human beings. Humans cannot escape necessity or fate, however, and human sovereignty requires that human choice be shown to be compatible with external powers that may seem to imprison or enslave humans. Tocqueville, in his beautiful, perhaps exaggerated picture, presented as fact but more *ought* than *is*, assigns to American women the task of choosing to accept necessity with dignity. He opposes the social contract of liberal theory, which overlooks the human necessity of living together and tries to make it appear to be a choice, as if one could choose everything. In its place he offers the marriage contract and shows how it might work through the example and speech of American women.

Human greatness and democratic despotism

At the end of his master work on democracy, Tocqueville discloses the political evil toward which democracy naturally tends, the culmination of his fear, repeatedly expressed, that democratic equality will overwhelm democratic freedom. Here, he calls this evil "mild despotism"; elsewhere he calls it democratic or administrative despotism. It is an attractive, not a menacing, evil, soft, passive, and even apparently beneficent, replacing the tyranny of the majority as his main fear (in volume 1), which in the form of slavery is harsh and oppressive. We have seen the germ of mild despotism in his description in volume 1 of the vague power of public opinion, but in volume 2 we see it embodied in the centralized democratic state.

Mild despotism is not inevitable, and it is not unopposed in democracy. There is a counterforce to it in human nature, and Tocqueville begins the last part of the book with an argument that equality *naturally* gives men a taste for free institutions rather than despotism. Equality, he says, makes them independent of one another, hence suspicious of authority and disposed to follow nobody's will but their own. Equality inspires a certain unruliness *(indocilité)*, a willful "don't tread on me" that recalls the spirited part of the soul in Plato (*thumos*) and that is favorable to democratic insistence on liberty. Unruliness might seem contrary to the American penchant for associations, and it can be, but its negative refusal to cooperate can be made responsible when people see usefulness and dignity in accomplishing some task. One might say today that Americans are generally hostile to authority, in that way difficult to govern, yet also have an opposed spirit of "can do" in particular situations.

Despite the intractability in human nature that makes any government difficult, democracy naturally tends in the opposite direction toward making government easier and more agreeable. Tocqueville's anxiety arising from loss of the taste for free institutions is the theme of the last part of *Democracy in America*. The democrat, we know, readily becomes a victim of individualism, the enervating sentiment of weakness that turns citizens into isolated individuals concerned only with their private lives. When they do this, the state is left as the only visible and permanent representative of the community, and individuals leave their associations as they develop a natural inclination to let the state take care of all common affairs. As equals they have an instinct toward pride and independence, but as individuals they suffer a sense of weakness and isolation that results from independence. Hence they turn away from local activity in politics and society and deliver their apathetic obedience to the "immense being" of the state (a term Tocqueville had used earlier for the god of pantheism).

While every democratic people tends toward dependence on the state, the state for its part loves equality and extends it as much as it can. The modern state had its origin in the monarchies of Europe that followed a policy of allying with the people against the aristocracy, gradually removing them from the government of barons and nobles to the central administration of the state. When monarchy was replaced by democracy during the French Revolution, the state remained the same and continued to appropriate all administration to itself, as its new hostility to associations replaced monarchical jealousy of the aristocracy. Thus the centralized state loves the equality that democratic citizens love and hates what they hate; the two mutually reinforce each other. The state constantly reinforces power; the people continuously lose it.

The sort of despotism democratic nations have to fear, then, is mild. Far from frustrating their desires, it satisfies the worst of them. The worst desire in democracy is abandonment of the pride that sustains one's independence and loss of freedom, thus degrading men without tormenting them, without arousing their opposition or even giving them notice of what they have lost. They become a "crowd of like and equal men ... procuring the small and vulgar pleasures with which they fill their souls." Each is "withdrawn and apart," existing "only in himself and for himself alone." Above them "an immense tutelary power is elevated," which takes charge of them in the manner of a schoolmaster or guardian, sparing them, Tocqueville says with splendid sarcasm, “the trouble of thinking and the pain of living.” Anticipating Nietzsche, he calls them a “herd of timid and industrious animals of which the government is the shepherd.”

In this condition a democratic people feels both the need to be free and the need to be led, and it consoles itself for being led with the thought that they have chosen their leaders. When participating in elections they leave their dependency for a moment, only to return to it afterwards. “That does not suffice for me,” Tocqueville says proudly in his own name.

Certain accidental facts, Tocqueville admits, can increase or decrease the drive toward centralization of government—the democratic revolution that did not occur in America, for example. Because America was not obliged to mount a democratic revolution against an aristocracy—having been born equal without having to become so—it was freer to borrow from aristocracy to support its liberty. Near the end of his book Tocqueville mentions three features of equality that democratic peoples need to be watchful of. The first is the utility of forms already discussed, which democracies do not readily understand and for which they feel disdain. A second democratic instinct, also very natural and said to be very dangerous, is to scorn individual rights and to sacrifice them to the interests and power of society. Speaking as a liberal, Tocqueville says that the “true friends of liberty and human greatness” must always be on guard to ensure that individual rights are not lightly sacrificed to the general designs of society. To do so is actually harmful to society because it questions the basis of society as the supporter of rights.

Connected to these two fears, Tocqueville adds his concern for revolutions in democratic societies, a concern perhaps more acute for Europe than America. Since democracies love change, revolution can become a habit and even regularized in government policy. He does not deny that revolution is sometimes honest and legitimate, but he thinks it a particularly dangerous remedy in democratic times. He had spoken earlier of why great revolutions will become rare, such as a revolution against democracy, saying that he feared stagnation more than violent commotion from the middle class that tends to prevail in democracies. But stagnation in democracy is not incompatible with a universal, low-level agitation of mediocre ambition and competition for material enjoyments.

What is the remedy for democratic individualism, democratic mediocrity, and democratic apathy? The answer leaps out of the phrase quoted above describing Tocqueville's particular addressees: "the true friends of liberty and of human greatness." It is the cooperation of liberty and human greatness. At first one will think of mixing the liberty of democracy with the greatness of aristocracy in a mixed regime of the classical sort. But as always in *Democracy in America*, and especially at the end, Tocqueville insists that democracy is here to stay, that there is no possibility of "reconstructing an aristocratic society," that one must show oneself to be a friend of equality and adopt unmixed democracy as one's "first principle and creed." So he does not appeal here to great men, "the greatness of a few," as inspiration for democracy. He does not recall the American founders he had praised, the Federalists whom he called an aristocratic party. Instead he says that though one cannot found an aristocracy anew, he thinks "that when plain citizens associate, they can constitute very opulent, very influential, very strong beings—in a word, aristocratic persons."

Free association of plain citizens creates the aristocracy of democracy. They are its nobles; they exercise their freedom and in so doing stand up for it, defend it, and display it. By associating they make sacrifices and take the risks in public ambition not incurred by those who combine in merely commercial organizations. Though plain citizens do have something to gain from politics, the reward they receive is just as much a feeling of pride as it is profit in money. Americans are surely bourgeois, restless and avid for gain as Tocqueville describes them, but when they get together in free associations they have something of nobility in their souls. Here is the answer of democracy, impressive if not fully adequate, to the charges against it of apathy and mediocrity.

Thus the danger that the true friends of freedom and human greatness must be ready to prevent is that "the social power" will lightly sacrifice individual rights to the execution of a social purpose. "No citizen is so obscure that it is not very dangerous to allow him to be oppressed." Yet the main protections for the obscure citizen cited here by Tocqueville are the freedom of the press and the judicial power. He now says, exceeding the measured praise he expressed earlier in his book, that a free press is "infinitely more precious in democratic nations than in all others." A free press enables individuals to communicate with fellow citizens, thus to rise from obscurity. The judiciary has the task of listening to obscure citizens when they feel oppressed. Here one sees an unidentified, unnamed aristocracy at work in democracy to support individual rights, perhaps against the more strictly democratic parts of the government, the legislature and the executive branch, who represent "the social power."

The "first object of the legislator" in the democratic age is to fix limits for social power that are "extended, but visible and immoveable." The "legislator" would seem to be someone who is above the legislature, perhaps a political scientist such as Tocqueville himself. For such a figure fixing limits to the social power includes the making of a constitution but also, it appears, the defense of democracy against ideas that promote the social power against the individual. For all his earlier insistence on the social state as the first cause of democracy, he now identifies "two contrary but equally fatal ideas" that may arise from the democratic social state but that endanger it. The first is that democracy is nothing but its anarchical tendencies; those who hold it are afraid of their free will, "afraid of themselves." The second is that democracy necessarily leads to servitude, and its proponents despair of remaining free and secretly adore the despotism they believe to be inevitable.

In this bare description of the two ideas, Tocqueville names no names and gives little material from which readers might guess them. As usual, he looks more at their consequences than their content. Nonetheless, he ends his great book by denouncing two "false and cowardly doctrines" that imperil the democracy he has found in America. He declares, more in the style of Aristotle than of his own predecessors in liberalism, that Providence has not created the human race "either entirely independent or perfectly slave."

Chapter 5
Rational administration

Tocqueville's second great work, *The Old Regime and the Revolution*, was published in 1856. In it he considers the Old Regime of the French monarchy, but he does not reach the Revolution, and the book remained unfinished when he died in 1859. He studies the Old Regime with a view to the French Revolution—as it prepared the Revolution. The Old Regime gradually brought about its own ruin over twenty generations with the institution of rational administration, which we might call government by meritocracy. Rational administration in Tocqueville's conception is the counterpart to democracy, and we have seen it as centralized administration in *Democracy in America*.

In this later work Tocqueville elaborates the meaning and techniques of big government. He reveals that it is not merely a fearful image of the future, conjured up by enemies of democracy, but an actual historical fact in France. The French monarchy did not intend to establish a democracy, but it did the work of democracy nonetheless. By gradually abolishing the feudal order in which the nobles ruled in their local domains, the French kings and their great ministers Cardinals Richelieu and Mazarin first leveled all citizens, then reordered them in a new, nonfeudal hierarchy of the centralized modern state under which the French—and to a varying extent all democratic peoples—live today.

The democratic revolution in France of 1789 was a vast unintended consequence of the policy of the French kings and the inaction of the French nobility, which together modernized France without meaning to. Democracy in France was monarchy come to perdition in sudden and violent revolution through the logic of its own fundamental strategy of allying with the people against the nobles. Its political strategy came to be conjoined with the plans of "men of letters" for reform through rational administration. These abstract reformers were fundamentally apolitical, but they favored monarchy as the instrument of reform and dismissed democracy as vulgar, ignorant, and opposed to reform. Democracy, then, was the consequence of two allied powers, monarchy and reformers, who were opposed to democracy and united only by their common hostility to aristocracy. The great advance of human reason against the feudal regime of privilege and prejudice—interpreted by the philosopher Hegel as man's final assertion of his own sovereign thought—came about as an accident, or a consequence, unforeseen by all parties. This is the brilliant and startling argument of Tocqueville's *Old Regime.*

Tocqueville first mentioned the idea for his book late in 1850 in a letter to his friend Louis Kergorlay, speaking of a study of the "long drama of the French Revolution." Two years later he would refer to his 1842 speech at the French Academy attacking the influence of Napoleon as "the most perfected despotism" in world history and also denouncing the abstract ideas behind the Revolution. Together, these two points suggested the outcome and the origin of the Revolution into which he was about to inquire. Even earlier, in 1836, while enjoying the success of the first volume of *Democracy in America*, he had written an essay on France before and since 1789 that had been commissioned by John Stuart Mill and published in Mill's *London and Westminster Review.* From his first conception of the book in 1850, he moved his focus backward in time from Napoleon to the Directory (after the Revolution) to the Old Regime, settling on the latter in August 1853.

Tocqueville set to work in January 1852, reading memoirs and making notes. In June 1853, he saw the need to consult the archives of the Old Regime and spent a year in the city of Tours poring over the records of the key officials in its administration, the Intendants. The work of reading books and pamphlets and of mining in dusty archives is almost entirely covered over by the elegant polish and striking phrases of his book. Robert Gannett, in his superb study of the book, *Tocqueville Unveiled*, uncovers the evidence behind it and remarks on the "secretive mode" of its author. His many notes and quotations are mainly illustrative and the sources are usually not cited. At the same time, Tocqueville frequently reminds his readers of the work he has done, one could almost say boasts of it, as if challenging them to make their own search unguided.

Tocqueville begins by calling his work a "study." But what kind of study? It is more directly historical than *Democracy in America*, which begins from a "providential fact," the mounting trend toward ever more democracy, and argues from the premise that the image of democracy is to be found in America. At the end of that book he raises the specter of mild despotism, but he shows it from the standpoint of the people, explaining why they welcome the stifling embrace of big government, and he describes the remedies for it practiced by Americans. He then declares that he responsibly accepts democracy, despite its faults, asserting that there is no alternative in a democratic age and, besides, that it shows greater justice than aristocracy. *The Old Regime* looks at the same despotism, now referred to as "democratic despotism," from the standpoint of the king and the nobles. They brought about a democracy neither party desired, inflicted on them with horrifying violence by a revolution no one anticipated. This book emphatically deplores the loss of aristocracy, which resulted in a "nation" composed of an incoherent mass of angry or frightened citizens. It details the strategic avarice of kings and the idle abnegation of nobles, while praising only the aspects of French society these two parties neglected to touch with their corrupt meddling and complacency.

Both works are political in the sense of offering advice to France, and to all, but in *The Old Regime* the author lets go his indignation and shows little of the calm impartiality that distinguishes *Democracy in America*. He is angry not so much at the Revolution as at the old monarchy it replaced, and not so much at the old monarchy as at the unfolding of both monarchy and revolution in the despotism of Napoleon. One could cap the point by observing that the upshot of the rule of Napoleon was the bourgeois mediocrity of the empire of his nephew Louis Napoleon.

The Old Regime has been aptly called "political history" because it combines political judgment and history while avoiding polemics and stultifying scientific objectivity. Yet these are differences of form, not substance. *The Old Regime* should be seen as the application to France of the same thoroughgoing concern for the requirements of political liberty that can be found in *Democracy in America*. Whereas in that book he starts from the providential trend toward democracy, which may or may not be favorable to liberty, in the foreword of this one he launches himself, he avows, in passion for the defense of liberty and in support of those higher, energetic passions that liberty looses in its defense. In the rest of the book his passion for liberty is justified by his inquiry, as it turns out that politics and liberty are inseparable, that the loss of liberty in France followed inevitably from the loss of political liberty under the monarchy. Two points of political science left undeveloped in *Democracy in America* are set forth in *The Old Regime*: the aristocratic roots of political liberty, and the danger to it arising from rational administration. But it is best to begin from the main historical thesis of *The Old Regime*.

The continuity of the Revolution

The French Revolutionaries thought of themselves as having made a complete break with the past. They intended to cut the destiny of their country in two parts unrecognizable to one another, before and after 1789, and believed they had succeeded. Opposing them, the counterrevolutionaries believed the same thing. Edmund Burke, the great British statesman and philosopher whom Tocqueville chooses as his foil throughout *The Old Regime*, declared that the French Revolution was "the first, complete revolution" in history. It was a revolution in sentiments, manners, and moral opinions that reached "even to the constitution of the human mind." Tocqueville takes up against this point of agreement on both sides and argues that the Revolution came from the society it was to destroy, and that it was the work of the Old Regime of the French monarchy, which bent itself to the task of deliberately, yet as a whole unconsciously, destroying itself. The Revolution did not just take place in 1789 with the fall of the Bastille; it had been under way since the day in 1439 (or 1444) when Charles VII was able to order a new tax without the consent of the nobility.

Yet Tocqueville does not deny that a great change occurred. He denies that it occurred by human intention either on the part of the revolutionaries or against the will of their opponents. For the democratic historians decried in *Democracy in America* for their denial of human intention in history are right about the coming of democracy. The title, *The Old Regime and the Revolution*, indicates the magnitude of the change, omitting to specify the *French* Revolution. (Tocqueville was worried about the title and just before publication seems to have removed, or consented to the removal of, the adjective.) He agrees that the Revolution was complete, as Burke said, and was preached to other nations as for the attention of mankind, like the American Revolution. It would not be repeated or cancelled by future revolutions and in fact was meant to bring to completion all previous revolutions, which were incomplete and which therefore invited further revolutions to restore the past. What he insists is that this great change had been under way for centuries; it was new but not recent. It should not have been a surprise. In his book he shows the actions that produced it, but whose overall meaning escaped the notice of all as they were made. After 1789 the meaning

8. Edmund Burke, British statesman and philosopher. In *The Old Regime*, Tocqueville contrasts Burke's analysis of the French Revolution with his own.

was covered over by the boasting of the revolutionaries and the denunciations of their enemies.

Those observers of the Revolution who were able to recover from their surprise most often thought that it was meant to destroy religion and to bring on anarchy or at least weaken political power. Burke, the outstanding example of this view, concentrated his fire on the atheism of its projectors, who he said were transforming mankind by removing the belief that there is a power above men, thus weakening government by denying it divine sanction. For Tocqueville, this is to mistake an accident for something fundamental. The church was perhaps the most powerful part of the Old Regime; it was in the way of reform and had to be attacked, in both institution and belief, to make possible a new order replacing the Old Regime. This new order was the fundamental object, not the destruction of the church, and it was to be stronger, not weaker than the old order. France had no intention to tear itself into pieces, and in fact it later formed an army more powerful than any it had ever had, and it fashioned a new revolutionary religion of the Supreme Being that it hoped would be more authoritative than Christianity. The French Revolution, Tocqueville says later in the book, was more like the Protestant Reformation than any other previous event, and it expected to claim for itself the support that Christianity had offered to the Old Regime, and with greater enthusiasm as well. Just as in *Democracy in America*, Tocqueville wants it to be known that there is no necessary antagonism between religion and liberty, not even between the contrived religion and false liberty of the Revolution.

Why the French Revolution was the first revolution to make this attack and to assume the character of a new religion, Tocqueville does not say directly. Apparently the ideas it acted on became more acceptable to more people, so that at a certain point the theory seemed viable. The French Revolution, as a complete revolution surpassing all previous revolutions, was not based on a truer idea than any held before but rather was suddenly seen to be viable and the Old Regime not. The Old Regime was feudalism, and feudalism after a certain development Tocqueville will describe came to be seen no longer as a stable and coherent whole capable of sustaining itself. At that point, as Americans might say today, it no longer seemed practical. In his political history Tocqueville rejects the attempt of the revolutionary thinkers to make theory precede practice. He does not attempt to judge the competing ideas supporting and attacking feudalism, but instead considers whether feudalism constituted a whole that could be the subject of an idea, of a reasonable theory. Again, as in his first book he studied the practices of Americans to discover the image of democracy, so in this one he considers the practices of the Old Regime to see whether they were coherent.

At first, feudalism was a confusion of barbarous tribes living in isolation from one another, but from that emerged a particular Germanic legislation, an original creation not due to Roman law, which formed "a body composed of parts," as closely linked as modern codes, sage laws for the use of a society half-barbaric. Tocqueville does not say how the elaborate hierarchy of privileges and duties in feudalism came about; he only says that both code and hierarchy were the same almost everywhere in Europe, having no assignable cause, as if they were a spontaneous, natural development. This, not the France of the eighteenth century, was the true Old Regime, and it was *this* that the true revolution overturned. The true revolution was the administrative centralization of the French monarchy, the fundamental institution of both the Old Regime and the French Revolution as those terms are commonly used.

What was administrative centralization? If one examines the first step taken by Charles VII, mentioned earlier, one sees the king gaining the power to tax without the consent of the nobility, in exchange for the exemption of the nobility from the tax. The nobility sells its political power and the king buys it, out of avarice,

Tocqueville says. But in addition, there is on the king's side "the instinct that carries every government to wish to lead all its affairs alone, an instinct that always remains the same through diverse agents." This motive goes beyond the accident of avarice, for it tempts any government to suck the power from any association not derived from itself. Over centuries the nobility continued to lose its power to be consulted and to govern in its own domains to the monarchy, which learned to govern through Intendants, administrative officials who were agents of the king and directed from the center by his ministers.

Intendants became the characteristic officers of the Old Regime (as it had become), chosen for merit and developing a skill in "inventing a thousand means of control." They were from the middle class because the nobility disdained a situation so inferior and subordinate, preferring to compete with one another at the court for the king's favor. The Intendants kept careful records of what they did and tried to do, studied carefully by Tocqueville in the archives at Paris. These administrators were the "aristocracy of the new society," and he calls them *fonctionnaires*, or civil servants. Like modern bureaucrats (and he has a remark in his notes disparaging that "modern jargon"), they have a taste for statistics and accounts. To show their humanity, they raise their eyes from reckoning their figures to complain about the lazy perversity of the peasants who were often little disposed to follow their advice or accept their instructions. In the eighteenth century, they even showed some of the "false sensibility" of Diderot and Rousseau, which tries to take the edge off a dry rendering of accounts, rather like the therapeutic effusions of management psychology today. He tells the story of a controller-general directing a government program of charity providing funds that the inhabitants of parishes had to match with their own contributions. When the amount was sufficient, the official wrote in the margin: *good, express satisfaction*; when it was unusually large, he wrote: *good, express satisfaction and sensibility.*

From the anecdote we see that administrative centralization in the Old Regime was not harsh or tyrannical. As it became more detailed and more extensive, it became more regular, more knowing, and more moderate. "It oppresses less, it leads more." This is the mild despotism Tocqueville warned of in *Democracy in America.* It is benign and instructive, its power tutelary rather than malevolent. It pretended to teach peasants "the art of getting rich," distributing little writings on the art of agriculture. Tocqueville finds in this the origin of what was later called in France "tutelary administration" (*la tutelle administrative*), suggesting the care of a guardian, the teaching of a tutor. Americans today will think of the U. S. Department of Agriculture. The rub was (and perhaps still is) that the government promises more improvement than it can deliver, the people become skeptics, the supposed rationality of new methods looks ridiculous, and all the French are kept *en tutelle,* deprived of the benefits of self-government. In this situation the government often hesitated and lost its nerve, and so the Old Regime was typically run by rigid rules, with weak enforcement made even more lax by privileges and exemptions.

Paris was the center of the administrative state and, in its sovereign preponderance over the rest of France, the symbol of centralization. The city grew in size over the years despite attempts by the kings to restrain it. As public life and local freedoms in the provinces disappeared, Paris became the sole center of power, and with that the arbiter of taste. It was a growing site of industry, too, since regulation there was less confining than in the provinces. When the Revolution came, it took place in Paris, the capital city deciding for all of France—so that the dominance of that city was among the chief causes of the sudden and violent fall of the old monarchy.

These were the main qualities of administrative centralization. The overall result, which in time became the government's intent, Tocqueville maintains, was nothing less than to do away with politics and substitute administration in its place.

Beginning as a product of avarice in the kings and the nobility, then developing into the effect of an instinct common to all government, the French monarchy's administration appears finally as a momentous change, truly a revolution in political history even if not planned. This new kind of government takes the place of God's Providence; it establishes a relationship with each person as an individual, no longer as a member of a class, as under feudalism. They are rather like the entitlements of the present-day welfare state, which also are benefits that go from the government directly to individuals, bypassing all intermediate groups. This means that the individual looks only to government, as if praying to God, instead of to his family or his status in the feudal hierarchy. There are no "secondary powers" between the government and the individual that might stand up to the central authority in order to defend rights and privileges of the individual as member of a group, such as a noble or a serf who depends on a noble. There are no *associations* such as Tocqueville found in America, serving the function of nobles in an aristocracy by providing a check on authority strangely similar to that of the feudal order in the Middle Ages, by which kings were limited and tyranny prevented.

As the monarchy advanced, the French nobility declined, avaricious like the kings but more short-sighted. Originally the nobles traded their right to consent to a tax for an exemption from the tax once it was imposed. Some later taxes were imposed on all but still with indulgence for the nobility. This led to a situation in which the rich paid no taxes and lost their sense of responsibility for those they no longer helped to support. They lost much of their wealth too, because the king began to sell offices at the court to them; the nobles foolishly prized the honors of courtly life over the pleasures and duties of governing their dependents. Needing more money, the nobles then sold their land to the serfs, who became land-owning peasants and as such liable for the taxes from which the nobles had been spared. Since the monarchy made itself responsible for everything, it too was always short of money and kept trying one financial expedient after another. Its purpose was not deliberately to weaken the nobility by taxing it, and Tocqueville says that the policy followed was not one king's but an institution's. But it was unreasonable to weaken the nobility in effect so far that its privileges appeared to be groundless, for when the Revolution came the nobility was unable to defend not only itself but the monarchy as well. The policy of the monarchy was not really a well-conceived strategy but ambition and avarice set loose and made regular in relentless centralization, which appeared to make government more rational but in reality made it less so. The monarchy did not realize that its anti-aristocratic policy would transform the nobility into a privileged caste rather than a working aristocracy—a distinction Tocqueville insists on. It did not see that its policy was effectually democratic and might actually lead to democracy.

While centering on the nobility, Tocqueville rounds out his description of the Old Regime with comments on the middle class, who imitated the nobility; on the peasants, who hated the nobility; and on the clergy, who did not take the side of the nobility. He allows that the French nobility, for all its decay, kept its pride and because of its "manly virtues" was neither servile nor given to the soft passion for material well-being that prevailed in his day. The nobles, with their ancient loyalty to the king, were able to call their souls free—a fact, he says, almost incomprehensible to the modern mind. They had a certain greatness, but they did not have political liberty. The kings they served were not cruel but mild; they did their best for the good of France and only stepped on those they did not notice. By their hostility to political liberty, they had denied themselves the means of learning what they were doing.

With this modulation of his argument, Tocqueville wants to leave the example of the nobles, even after his criticisms, as something positive for his day, capable of inspiring or shaming an electorate that had put Louis Napoleon in power. He attacks Burke, however, for supposing that the French nobility was still viable, if reformed, at the time of the Revolution. One could say in Burke's defense that he had Tocqueville's motive for praising the French nobility in a higher degree. Burke supposed that the British nobility was still viable in his time and did not want to impugn the viability of nobility as such; he had written his *Reflections on the Revolution in France* to kill sympathy for the French Revolution in Britain and to forestall the desire of British radicals to bring it across the Channel. Burke would certainly not have wanted to endorse Tocqueville's view that the new world of democracy was irresistible, nor did he. Yet for him too, in his famous phrase, the "age of chivalry is gone," the age when nobles would have leapt to the defense of Marie Antoinette. Perhaps his best option, in his version of Tocqueville's political history, was to exaggerate the soundness of nobility, just as Tocqueville's was to exaggerate its obsolescence and deny that it could have been reformed. A limited admiration without nostalgia could sum up Burke's view.

Tocqueville concludes his inquiry into the Old Regime with the judgment that it was not a whole, that it did not constitute a "nation." The feudal order in its heyday was a nation because it was a whole; it had unity through its parts. But the Old Regime became a unity of a different kind, without diverse parts but composed of individuals who were all the same. This was again perhaps not the intention of the monarchy, but it was the result. Its policy made France into a "frozen body" (*corps glacial*), a "uniform crowd" of "similars," each group separated and isolated from one another. He calls this condition "individualism," the concept he had used to such effect in his book on democracy. The Old Regime, he says, was a "sort of collective individualism, which prepared souls for the true individualism we are acquainted with."

True individualism is democratic, while the collective sort prepares it by educating individuals in the many small groups in the Old Regime to think only of themselves. Both collective and true individualism, one may suppose, are under the "government of one alone," whether a king or the abstract state of big government. "One alone" reminds of Montesquieu's *un seul* and Machiavelli's *uno solo*, referring to the despot or prince who establishes order. For Tocqueville, despotism is false, imposed order that does not cohere. To make a whole, a nation in the true sense, a people must have the political liberty to express and give form to its diverse parts. Political liberty is not the enemy of unity and order but, on the contrary, their necessary condition. It resists rule but also in the same voice claims to rule. The false unity imposed by one at the top, characteristic of democratic big government as much as of absolute monarchy, is open to revolution and deserves to be so. For Tocqueville, the French Revolution was both a sign of health and a culmination of disease—the health being in the attempt to make a whole and the disease in its predestined failure. It was surely more the establishment than the overthrow of authority, but the authority constructed by the Revolution was not legitimate because it did not succeed in making a whole.

The men of letters

Volume 3 of *The Old Regime*, its last part, is on the more particular and more recent facts that determined the place, birth, and character of "the great revolution," as Tocqueville now calls it. These could be considered the precipitating cause as opposed to the underlying cause, which was the administrative policy of the French monarchy. These facts turn out to be one fact, the men of letters who dominated French politics from the middle of the eighteenth century, together with their influence on the nobility, the clergy, and the king. Their central importance raises again the question of the role of ideas in politics for Tocqueville, the question that seemed central to *Democracy in America* but was left undecided there. Whether to act or to write is the question of Tocqueville's personal life, and the answer to that question is affected by the question whether writing is a form of acting, whether the ideas written down by an author can have political effect. He comes back to this matter in *The Old Regime*.

France had always been the most literary nation in Europe, but before the Revolution its men of letters developed a new obsession with politics. French men of letters were not involved with politics, as were their counterparts in England; they had no authority or public function. But they occupied themselves constantly with political things, always thinking abstractly, discussing such matters as the origin of societies, the primordial rights of citizens as opposed to authority, natural versus artificial relations among men, the legitimacy of custom, and the principles of laws. All of them thought it would be appropriate to substitute simple and elementary rules, taken from reason and natural law, for the complicated, traditional customs prevailing in the society of their time. Such abstract topics and this simplistic conclusion showed not only a lack of political experience but a contempt for it that was anathema to Tocqueville.

Tocqueville does not seek to explain this recent cause by looking to the history of modern political philosophy, where, as he well knew, he could have found that the search for simplicity in politics was initiated by Hobbes and Locke, with the cooperation of Descartes, who is cited in *Democracy in America*. Instead he asks why this idea, which he says was not new but three thousand years old, came to mind especially at this time. To answer, he cites the view the men of letters had of a society of unjust privileges, which "naturally led" them to want to rebuild society on an entirely new plan traced by each by the light of his own reason. They lacked the experience of free politics that might have warned them of the power of existing facts to hinder the most desirable forms, for the complete absence of all political liberty was invisible to them, and they could not know what they did not know. Tocqueville seems concerned to make the political authority responsible for the intellectual ascendancy of such foolishness, rather than to blame the men of letters for being the fools they were.

Who were the men of letters? Tocqueville mentions Voltaire of course, noting that he appreciated England for its free speech rather than for its political liberty. He does not mention Rousseau here, though Rousseau was as celebrated as Voltaire and much more cited by the revolutionaries themselves—as well as a favorite author of Tocqueville's. He gives the central role to the "economists," or physiocrats, who meddled irresponsibly with silly nostrums, showing zeal for equality and a tepid desire for liberty. The chief of them was Turgot, not a meddler but a man with "greatness of soul" and "rare qualities of genius" that distinguished him from all the others. Yet it was he who foolishly advised Louis XVI in 1775 that he could safely give the nation the shadow of freedom in an elected assembly without allowing it any powers. The economists promoted "democratic despotism" and inspired the socialism Tocqueville knew in his day. By making liberty a means to some other good such as equality or wealth, they helped induce the French people to lose their taste for it. "This sublime taste," he says in the chapter devoted to the economists, is the privilege of "great hearts" as opposed to the "mediocre souls" who have never felt it.

The economists had predecessors in the seventeenth century, above all Hobbes, but Tocqueville treats them as new. Their ideas may not be new, but they are newly relevant. He says that the men of letters became so influential that they shaped the French outlook on life, giving it a "singular education." The French nation was so alienated from its own affairs, so deprived of experience, that it easily succumbed to their influence. Even the nobles made way for writers, who became the primary political power, taking the place normally held by party chiefs in free countries. When the revolutionaries appeared on the scene, they echoed the same abstract theories—on which Tocqueville comments that "what is quality in a writer is often a vice in a statesman."

This remark applies especially to the attacks on the church preached by the men of letters, the most prominent feature of the education they taught. The church represented tradition, authority, and hierarchy—everything that the men of letters opposed in politics. They saw the church not as a potential ally of liberty, as did Tocqueville, but rather as the main obstacle to political revolution and reform. The church, however, had lost much of its force in the eighteenth century. It did not suppress, it merely irritated the writers with censorship that was not effective and with petty persecutions that alarmed them rather than silencing them. Indeed in that time, he says, it was believers who were silenced. The men of letters wanted a free press for their own sake so as to propose their simplistic reforms rather than liberty for all, a political liberty that might hinder or bring opposition to their plans. Revolutionary only in thought, none of them believed in violence, or had any clue that it might be looming ahead, or considered that they might be responsible for it. Tocqueville, however, holds them responsible for the character of the Revolution that came—not so much as men of ideas but as feckless statesmen who stumbled upon a political void and pranced with delight when they should have trembled with alarm.

When it comes to the men of letters with their abstract theories, Tocqueville joins with Edmund Burke to denounce them. But his attitude toward philosophy differs significantly, though subtly, from Burke's. While Burke attacks philosophy as such in order to oppose those who called themselves *philosophes* and then to replace it with a renewed faith in prudence, Tocqueville keeps quiet about philosophy and philosophical ideas as such, occasionally deprecating them for their impracticality, while offering a supplement to the good sense of prudence. This is the "great science of government" that teaches how to understand the general movements of society, to judge the mind of the masses, and to foresee what might result. He says that the first American he could meet on the street would know that religion is essential to a free society, because those least versed in the "science of government" know this much. Yet he never explains these striking references to political science, just as in *Democracy in America* he never supplies the "new political science... needed for a world altogether new" that he seems to promise at the beginning. An elaborated political science would derogate—steal the scene—from the activity of politics and might also infringe on the reader's liberty to think for himself. It is "the play of free institutions" that really teaches statesmen their art. Tocqueville's political science modestly refrains from making itself visible, or at any rate prominent, as a teacher of politics.

In the third part of *The Old Regime* Tocqueville does give an example of his political science, though it is not identified as such. This is his famous thesis that "the most dangerous moment for a bad government is ordinarily when it begins to reform itself." A people will tolerate oppression without complaint when it seems there is no escape from it, but when they see the prospect of relief, they become impatient and turn violent. Only in 1780, when reform was in the air, was the "theory of man's continual and indefinite perfectibility" born. That theory renders a people insensible of existing goods and impels it toward "new things." Here is the same irrational theory of progress studied in *Democracy in America*, now shown as a cause of revolution in France. Tocqueville praises the revolutionaries for their "admirable" belief in the perfectibility and power of man; they had passion for the glory of humanity and faith in its virtue. But if their hearts were sincere, their minds were disoriented by the abolition of divine laws and the overturning of civil laws. Progress toward perfectibility can be inspiring, but it never ends. Humans need a politics that sees a whole and man having a place within it if they wish to find satisfaction in liberty.

Chapter 6
Tocqueville's pride

In view of Tocqueville's criticisms of philosophy, it may seem paradoxical and presumptuous to call him a philosopher. But he calls himself a "new kind of liberal," and he sets forth a new liberalism that he has rethought. In *Democracy in America* he criticizes materialist philosophy for encouraging democracy's habit of finding nothing in life but material pleasure and for depriving it of the pride excited by religion. In *The Old Regime* he criticizes rationalist philosophy for seeking systems of reform without caring about liberty. It is not hard to see the two philosophies as aspects of the modern political philosophy that is the source of liberalism: materialism for the sake of reform rather than resignation to the inevitable, and rationalism for the material improvement of life rather than contemplation. Now in the *Recollections* [*Souvenirs*] Tocqueville displays the pride he wants to add to liberalism, his own somewhat rueful pride, in an account of the Revolution of 1848 in France, which he witnessed and acted in. It is an account of failure, so hardly a triumph of pride. But it is also instructive to philosophers who fancy themselves statesmen and to citizens who let themselves be inspired by philosophers.

For myself alone?

Tocqueville's *Recollections* differs markedly from his two other major works and was composed in between them, in 1850–51. At the beginning he says he has been "removed momentarily from the theater of affairs" and is unable to pursue any continued study because of his health. In October 1849 he had been forced to resign his office as Minister of Foreign Affairs, the highest and last post he was to hold in politics, which he held only for five months; then, in March 1850, he spat up blood for the first time, the sign of the disease that was to claim his life nine years later. He is alone now, "in the midst of my solitude," he says dramatically in the manner of Rousseau, and he decides to retrace the events of 1848 and to "paint the men" he saw taking part in them. This is not at all to be "a work of literature," like his other books, written for an audience; it is "for myself alone" (*pour moi seul*). And the *Recollections* was indeed shown but to a few friends, and published not during his lifetime but only in 1893 by the permission granted in his will.

This writing, Tocqueville says, will be a "mirror" in which he looks at his contemporaries and himself, not a "painting" destined for the public. His only goal is to procure "a solitary pleasure" for himself, to "contemplate alone" a true portrait of society and to see "man in the reality of his virtues and vices, to understand his nature and to judge it." So that his words may be sincere, he must keep them "entirely secret." Here is an emphatic distinction between looking in a mirror by himself—what he will do—and making a painting for others, which he will not do. And yet he has already said that he will "paint" the men he has seen, and in the next paragraph he speaks again of the events he wants to "paint." Moreover, in the rest of the book he goes on to "paint" men and events in his most brilliant style, not at all for his own amusement only. Though in a letter he describes the work as "daydreaming" (*revasserie*), he in fact consulted other actors and checked documents to verify his memory as well. Why the equivocation in his intended audience for this work?

The *Recollections* is indeed a painting, but for the next generation. Its many striking portraits of individuals are the distinctive feature of this work—by contrast to the other two books, which study causes and mention individuals only to illustrate generalizations. Here, starting with his mordant analysis of King Louis-Philippe, the reader is treated to one memorable, epigrammatic sketch after another of individuals not in command of events but victimized by their faults and sometimes by their virtues. Neither family (his sister-in-law) nor friend (J.-J. Ampère) is spared, and near the end of the book comes a devastating portrait of President (soon to be Emperor) Louis Napoleon as half an old conspirator, half an epicurean lover of easy pleasures. To publish these delights during his lifetime would have been the soul of indiscretion and would probably have cost him his liberty, but to record them for the next generations enables Tocqueville to show how practical politics actually works. In *Democracy in America* and *The Old Regime*, he extols the practice of political liberty; here he shows it at work—or rather, shows it failing to be established in France.

More than that, Tocqueville shows himself at work, or rather in failure. He himself is a man of letters in politics, like those he denounces in *The Old Regime*. Now he shows how far the man of letters can go in guiding politics, how much he depends on chance, how greatly he depends on the cooperation of mediocrities with whom he must work. This is the mirror aspect of the *Recollections* working in harmony with, but also in contrast to, the painting aspect, for when he looks at himself he sees a painter who is both in politics and above it as an instructor. At the end of *Democracy in America*, he says he had striven to enter into the point of view of God in order to judge between democracy and aristocracy. But he also said that God, unlike men, sees singular events as well as generalities. Here he looks at humanity from the side of individuality, for events are singular because individual human beings are diverse. The philosopher in politics, like the men of letters in eighteenth-century France, is inclined to think that general truths can be systematically applied to produce permanent improvement in human affairs. Thus a general truth can command obedience from particular circumstances and force them to do its will.

9. A sketch by Tocqueville of himself and his colleague Lanjuinais yoked to the ministry.

Tocqueville shows in his *Recollections* that this obedience will not occur. He puts himself in a situation, the 1848 Revolution in France, where he, a man of letters or a philosopher, wanted to control events but was unable to do so. Of course he opposed the theoreticians, above all the socialists, who wanted that revolution, and he did not claim to represent "philosophy" or indeed anything but himself. But in opposing the Revolution he took upon himself the role of counter-philosopher, who brings out the perversity of presuming philosophers. The 1848 Revolution overthrew the monarchy of Louis-Philippe, a result that Tocqueville vainly opposed, and then established a republic weakened by partisanship, in whose government he joined responsibly but not eagerly. The republic was in turn overthrown by Louis Napoleon in 1851, who reestablished Napoleon's empire, now become a mild, democratic despotism combining administrative centralization and bourgeois complacency. The 1848 revolutionaries did not get what they wanted, but neither did Tocqueville. He saw the worst of his predicted fears realized and was close enough to the crucial events to offer his own example of the impotence of a thinker. By not publishing his *Recollections* of these events until much later, he allows us to see inside his mind and to judge as he did, seeing these events unconcealed by the soothing platitudes required to please an audience of contemporaries.

Tocqueville gives a critical example of the failure of his advice. Though hardly an enthusiast for the monarchy, he believed it was better for France to maintain a constitutional monarchy with an elected assembly than to risk having a republic with an elected president that would open the way for a successor to Napoleon—the very thing that happened. The monarchy was overthrown by a violent invasion of the constitutional assembly (the Chamber of Deputies) by an armed mob on February 24, 1848. This event legitimated the right of a mob in Paris to act in the name of the French people and to use revolutionary violence against the constitution, and in reaction, it later drove the middle class and peasants into supporting Louis Napoleon to protect their property against that threat.

10. A mob storms a barricade during the 1848 Revolution in France. Tocqueville both foretold and opposed the Revolution but did not succeed in preventing it.

Tocqueville, a member of the Chamber of Deputies, was there on that day and tells of it in the *Recollections*: as the mob gathered he looked around for someone who could attempt to pacify the mob and fixed on Alphonse de Lamartine, poet, historian, and at that moment the most popular politician in the assembly. Tocqueville went to him and whispered in his ear that "we shall be lost" if you do not stand up to speak now. Lamartine refused; he would do nothing that might save the monarchy or risk his popularity. He spoke later, but too late, and the chance for safety was lost. A small troop of National Guards arrived, Tocqueville says, also a half-hour too late. Tocqueville was where he needed to be, but his advice was not taken and the result "changed the destinies of France." This is a drama somewhat contrived, perhaps, but with a purpose. It shows the limitations on the political scientist's advice, on possible reform, and on the blessings of political liberty. In the other two published books, Tocqueville praises the accomplishments of politics in America and condemns the lack of them in France, but the work unpublished in his lifetime ends with the sardonic statement that after two hard-earned successes in foreign affairs, the cabinet he belonged to fell. In that work he lets the constraints on politics, on the durability of political liberty, be known—but a long time later.

Socialism

Democracy does not fare well in the *Recollections*. Tocqueville says that in writing this work he wants to "keep the liberty to portray [paint] without flattery," and since he does not praise the justice of democracy in it as he does in *Democracy in America*, one might have to infer that he was flattering democracy in that book. When he exposed the petty bombast of political discussion in America, he contrasted it with the power of a "great orator discussing great affairs in a democratic assembly," but in this work he confesses:

> I have always thought that mediocre men, as well as men of merit, have a nose, a mouth, and eyes, but I have never been able to fix

> in my memory the particular form of these features in each one of them. I am constantly asking the names of these unknowns whom I see every day, and I constantly forget them... I honor them, for they lead the world, but they bore me profoundly.

This is not the attitude of a statesman eager or able to please. Beyond this unintended disdain lies Tocqueville's judgment that "socialism will remain the essential character and most fearsome remembrance [*souvenir*]" of the 1848 Revolution. For a long time the people had been gaining power, and it was inevitable that, sooner or later, they would confront the privilege of property as the main obstacle to equality. Socialism would seem to be the next stage of the democratic revolution that he made the theme of *Democracy in America*. His appraisal of the 1848 Revolution as socialist contrasts markedly with Karl Marx's verdict in his pamphlet *The Eighteenth Brumaire of Louis Napoleon* (1852), who condemned it as a petty bourgeois farce. Marx was obliged to fit his disappointment into his theory of history, which he did by remarking that when history repeats itself (as his authority Hegel had said), it is as farce after a tragedy. The tragedy was the French Revolution of 1789, and by "tragedy" Marx meant not the Terror of 1793 but the Thermidor reaction against it. Tocqueville follows his appraisal with an opposite reflection on the general disgust with socialism in 1848, saying that it may return because the future is more open than men who live in each society imagine. He of course regarded property, especially petty bourgeois property, as necessary to political liberty, while Marx was hostile to it just because it sustained the delusion of political liberty.

Socialism to Tocqueville is a combination of passion in the people and illusions in men of letters, with their "ingenious and false systems," a later generation of those he will denounce in *The Old Regime*. The literary spirit in politics consists in seeing what is ingenious and new more than what is true, in preferring an interesting tableau to a useful one, in showing oneself sensitive to actors who play and speak well regardless of the consequences of the play, and in deciding on the basis of impressions rather than reasons: all things he saw in his friend, the literary scholar Ampère, and perhaps would have seen in the surlier character of Marx.

The illusions of system, ridiculous in themselves, are not harmless in practice, yet Tocqueville has greater admiration for those who might revolt than for careless theorists of revolution. With more of the "painting" of individuals featured in the *Recollections*, he presents a tableau from his household contrasting his porter (not named) and his valet, Eugene. The porter was an old soldier of bad reputation in the neighborhood, a little loony, a good-for-nothing who spent all his time in a bar when he was not beating his wife—in sum, a socialist by birth or temperament. During the insurrection of June 1848, this man went around one day with a knife threatening to kill Tocqueville when he next saw him. But when Tocqueville returned in the evening, the porter did nothing and showed he had meant all along to do nothing. During revolutions, Tocqueville remarks, people boast of imaginary crimes just as in ordinary times they boast of imaginary good deeds. Eugene, however, was a soldier in the National Guard on the other side, who with great calm continued to perform his duties as valet while serving in the army of repression. He was not a philosopher but had the equanimity of one. Nor was he a socialist, but if socialism had won out, he, with his lack of restiveness and facile adjustment, would have become one. Achieving socialism calls forth qualities of spiritedness that will disappear under socialism.

The 1848 Revolution was not intended by the theorists whose theories called for a reform that could only be accomplished by revolution. Nor was it foreseen except by Tocqueville in a manifesto in October 1847 and in a warning speech in the Chamber of Deputies on January 27, 1848, a month before the event. "Do you not sense—what should I say—a breeze of revolution in the air?" he exclaimed. Taking up in the *Recollections* a theme of his other two books, he distinguishes general causes from particular accidents and finds six of each in the making of the Revolution. Men of letters fasten on general causes, particularly those "absolute systems," which he says he hates, "narrow in their pretended grandeur and false in their air of mathematical truth." Political men, by contrast, living in the midst of daily events, attribute everything to incidents in which they are involved. Tocqueville states that many historical facts have occurred by chance, or by such a mixture of secondary causes as amounts to chance, but that chance does nothing that has not been prepared in advance. The preparation in general causes can be foreseen, perhaps, only by a genius like Tocqueville, not with uncanny foresight but because his extraordinary vision is not obscured by the delusion of a system that diminishes all causes and every chance to a theory that is his, as if he were in charge of the universe. The literary spirit in politics is that of a tyrant, and the best check against it is the stubbornness of fact, sustained by the unpredictability of chance.

Chance and greatness

To the extent that chance determines, so far can human virtue intervene, for chance is what could have been otherwise and virtue requires scope for action. When virtuous people act, they replace what would have happened by chance, or by the mediocre actions of those not virtuous. So virtue has the intent of "banishing" chance, as Tocqueville says in *Democracy in America*. But virtue also presupposes chance so as to be able to replace it. In the deterministic, scientific systems Tocqueville rejects there is room for neither chance nor virtue. Virtue is not virtue if it is compelled; it must be voluntary, the virtuous person must be free. Virtue is the best indicator of liberty because a bad use of liberty, for example the corruption in French government under the monarchy of Louis-Philippe, is likely to be compelled, not free—as in this case by the passion for material enjoyments that so characterized that regime.

Yet Tocqueville is not a virtue salesman, touting his product as the only true liberty. His new kind of liberalism does not take the way of Kant toward a universal, categorical moral law that will express and guarantee liberty. Looking at actual individuals in the *Recollections*, he is impressed with the limits of human virtue. It is in the first place rare, and it is divided into public and private virtues so that an individual may have one set without the other, even that one set gets in the way of the other. Honesty is the virtue most in supply, but when action is required, a "bold rascal" may be worth more than an honest man. Democrats hardly ever fail to mix "nonsense" with their honesty. Madame de Lamartine Tocqueville found to be a woman of "true virtue," but to her virtue "she added almost all the defects that can be incorporated in it and that without changing it make it less agreeable." In *Democracy in America* he said that the "idea of rights is nothing other than the idea of virtue" in politics, but he does not discuss rights in the *Recollections*.

Instead, Tocqueville dwells on the distinction between petty and great; the bourgeois monarchy that was overthrown, the republic of socialism that was threatened but never accomplished, and the second Napoleonic empire were all triumphs of the petty over the great. Throughout Tocqueville's writings greatness is the inspiration of liberty, and greatness can be said to be the main feature of his "new kind" of liberalism. The desire for greatness is the motive that justifies and ennobles democratic patriotism, even democratic imperialism and colonialism.

Much attention has been given recently to Tocqueville's writings on Algeria endorsing French colonialism, a position thought to injure his reputation as a friend of democracy. But he approves of French colonialism in Algeria (of course without the use of slavery) as the expression of a desire for greatness necessary to dignify democracy above the assertion of a mediocre universal equality. He agrees with his friend John Stuart Mill that "civilization" is above "barbarism," though they might have quarreled over whether the superiority goes so far as to justify despotism, as Mill said in his book *On Liberty*. Still, the distinctness of democratic nations and the consequent glory of democratic patriotism point to the possibility of colonialism, should any of them develop a "civilizing mission" (not a phrase of Tocqueville's). The solution today is to drop the distinction between civilization and barbarism, thus transforming civilization into "culture." Cultures are all equal, and so the idea of multiculturalism today has nothing to say about greatness. Multiculturalism then becomes comparable to globalization, both of them apolitical in their intent to override political divisions, and thus hostile to Tocqueville's insistence on political liberty, requiring distinct political bodies. Insofar as political liberty is inspired by the desire for greatness, it risks embarking on enterprises to do good for others when the beneficiaries might have preferred to do good for themselves.

If Tocqueville is a new kind of liberal because he always has his eye on human greatness, why does he remain any kind of liberal? Is not greatness inescapably aristocratic, so that with greatness always in view he is not really a liberal at all—to say nothing of a democrat? To answer, one may compare him with Aristotle, who cannot be accused of being a liberal. Tocqueville agrees with Aristotle that man is by nature a political animal. He never repeats Aristotle's definition, but he clearly abandons the liberal alternative to it, first found in Hobbes, that man is by nature free and comes under politics only by consent to an artificial sovereign. Where then does he depart from Aristotle?

The departure can be seen precisely in the idea of human greatness that Tocqueville advances as distinct from virtue and human goodness in Aristotle. For Aristotle the good is sovereign because everything we humans aim at we *think* is good, and Aristotle extends this human view to all nature. But the sovereignty of the good is what Hobbes, the first liberal, denies. He posits that all of us desire self-preservation, the good we have in common, but we use our self-preservation in diverse ways to pursue goods we diversely opine to be good. There is no single highest good, but only a distinction between the minimum universal good, self-preservation, and the various goods we pursue according to our opinions. In politics, this makes for the fundamental, liberal distinction between the state, which secures the minimum good, and society, where we differ and live in what is today called pluralism.

Tocqueville takes this liberal route, following Hobbes and departing from Aristotle and classical political thought generally. But, agreeing with Aristotle, he holds on to the soul, and he speaks of "degraded souls." Liberalism frowns on the soul because it joins the minimal good of preservation to the maximum goal of the good life. A degraded soul would be one at a considerable distance from the good life, quite distinct from the liberal view that a self has merely made its own choice to live as it pleases, that its worth cannot be measured by a single, allegedly true notion of the good life. But instead of the "good life" Tocqueville speaks of "greatness." What difference does this make?

Greatness is not in nature but is attributed especially to humans *by* humans; it refers to greatness in the view of humans, or as Tocqueville says, "human greatness." It is in part variable and arbitrary, but the aspiration to greatness and admiration of it are in human nature. Only humans make judgments of what or who is important, and greatness is what humans consider important. It is distinguished from many merely useful things that are good and therefore are part of "goodness" but may be unimportant. Greatness is possible without virtue, as he says of Napoleon that he "was as great as one can be without virtue." With virtue one might be greater, but virtue is rare. Greatness is rare too, but being what humans consider important, which they do in various, often conflicting ways, it is more diverse than virtue, hence more compatible with political liberty. All have some notion of what is great, as what they look up to. But there is no necessary unity or consistency to "great" as there is to "good." That is why it would be rejected as sovereign by the classical thinkers. Greatness is also an accomplishment of practice, not theory. When Aristotle described the great-souled man, he was speaking of the realm of moral virtue in practice, as opposed to the intellectual virtue of a philosopher. Philosophers may have their notion of the greatness of the whole of nature, but they would use it to disparage the things most men consider great. Tocqueville remains with most men on this point. His distrust of philosophy is revealed in his insistence on greatness. Perhaps he has a hidden philosophy somehow akin to Aristotle's to justify his neglect of philosophy, a philosophy in defense of politics. But for the most part he finds it necessary to defend politics through disparagement of philosophy, for the liberal philosophy he knew was now the greatest danger to liberty and liberalism.

References

Preface

For the phrase "new kind of liberal," see AT's letter to Eugène Stoeffels, July 24, 1836, and for analysis of it, see Roger Boesche, *The Strange Liberalism of Alexis de Tocqueville* (Ithaca, NY: Cornell University Press, 1987). On AT's influence, see Raymond Aron, *Main Currents in Sociological Thought*, vol. 1 (New Brunswick, NJ: Transaction Publishers, 1998, orig. 1967), François Furet, *In the Workshop of History*, chap. 10 (Chicago: University of Chicago Press, 1984). Translations of AT's *Democracy in America* (hereafter *DA*): Harvey C. Mansfield and Delba Winthrop, trans. and eds. (Chicago: University of Chicago Press, 2000), and Arthur Goldhammer, trans. (New York: Library of America, 2004). Many of his letters can be found translated in Roger Boesche, ed., *Alexis de Tocqueville: Selected Letters on Politics and Society* (Berkeley: University of California Press, 1985). A sampling of current scholarship on AT is in *The Cambridge Companion to Tocqueville*, Cheryl B. Welch, ed. (New York: Cambridge University Press, 2006).

Chapter 1

The soundest biography of AT is André Jardin, *Tocqueville, A Biography* (New York: Farrar, Straus and Giroux, 1988); more recent is Hugh Brogan, *Alexis de Tocqueville, A Life* (New Haven, CT: Yale University Press, 2007). On the "great lottery of paternity," see AT's letter to his brother Edouard, September 2, 1840, and the somewhat different view in his letter to Louis de Kergorlay, November 11, 1833.

On his own ambition, see AT's letter to Mme. Swetchine, February 26, 1857. On AT's trip to America, see his notes in *Journey to America*, ed. J. P. Mayer (London: Faber & Faber, 1959), and the classic study of George W. Pierson, *Tocqueville and Beaumont in America* (New York: Oxford University Press, 1938). On mixing history and philosophy, see AT's letter to Kergorlay, December 15, 1850.

Chapter 2

Quotations follow the text in *Democracy in America* from the introduction through pt. 1 of vol. 1, then into pt. 2. The quotation on trading small virtues for the vice of pride is at *DA* vol. 2, pt. 3, chap. 19, and the one on the "two distinct humanities" is at *DA* vol. 2, pt. 4, chap. 8. On the writing of *Democracy in America*, see James T. Schleifer, *The Making of Democracy in America*, 2nd ed. (Indianapolis, IN: Liberty Fund, 2000). Pierre Manent, *Tocqueville and the Nature of Democracy* (Lanham, MD: Rowman & Littlefield, 1996), is the best overall study of the book, and Sheldon S. Wolin, *Tocqueville between Two Worlds* (Princeton, NJ: Princeton University Press, 2001) is an indispensable critique of AT. Careful readers will want to verify in the original texts the generalizations offered in this chapter about the liberalism of Hobbes and Locke, and in particular to explore the function of mores as argued in two of AT's favorite predecessors, Montesquieu (in the *Spirit of the Laws*, bk. 3, chap. 19) and Rousseau (in the *Social Contract*, bk. 2, chap. 12).

Chapter 3

Quotations are from pt. 2 of vol. 1. On AT's liberalism, see Pierre Manent, *An Intellectual History of Liberalism*, chap. 10 (Princeton, NJ: Princeton University Press, 1996). On AT's discussion of restlessness and its connection to Pascal, see Peter A. Lawler, *The Restless Mind: Alexis de Tocqueville on the Origin and Perpetuation of Human Liberty* (Lanham, MD: Rowman & Littlefield, 1993).

Chapter 4

Quotations follow the four parts of vol. 2 of *DA*. The phrase "immense being" can be found at *DA* vol. 2, bk. 1, chap. 7 and vol. 2, bk. 4, chap. 3. The argument for "two Democracies" can be found in Seymour Drescher, "Tocqueville's Two *Democracies*," *Journal of the History of*

Ideas 25 (1964): 201–16, and Jean-Claude Lamberti, *Tocqueville and the Two Democracies* (Cambridge, MA: Harvard University Press, 1989); the argument against, in Schleifer, *The Making of Tocqueville's Democracy*, 2nd ed. On religion, see Sanford Kessler, *Tocqueville's Civil Religion* (Albany: State University of New York Press, 1994), and Joshua Mitchell, *The Fragility of Freedom; Tocqueville on Religion, Democracy and the American Future* (Chicago: University of Chicago Press, 1995). On women, see Delba Winthrop, "Tocqueville's American Woman and 'the True Conception of Democratic Progress,'" *Political Theory* 14, no. 2 (1986): 239–61, and Cheryl Welch, *De Tocqueville* (Oxford: Oxford University Press, 2001).

Chapter 5

Quotations follow *The Old Regime and the Revolution* (hereafter *OR*) through its three parts. For the sources and analysis of *OR*, see especially Robert T. Gannett Jr., *Tocqueville Unveiled* (Chicago: University of Chicago Press, 2003). For analysis, see François Furet, *Interpreting the French Revolution* (Cambridge: Cambridge University Press, 1981), also Ralph Lerner, *Revolutions Revisited* (Chapel Hill: University of North Carolina Press, 1994). On "political history," see Delba Winthrop, "Tocqueville's Political History," *Review of Politics* 43 (1981): 88–111. Burke's most powerful attack on the French Revolution is his first analysis of it, *Reflections on the Revolution in France* (1790).

Chapter 6

Quotations from the *Recollections* again proceed from beginning to end of AT's text. For analysis, see Lawler, *The Restless Mind*. On Algeria, see Jennifer Pitts, ed., *Alexis de Tocqueville: Writings on Empire and Slavery* (Baltimore, MD: Johns Hopkins University Press, 2001), and Michael Hereth, *Alexis de Tocqueville: Threats to Freedom in Democracy* (Durham, NC: Duke University Press, 1986).

“牛津通识读本”已出书目

古典哲学的趣味
人生的意义
文学理论入门
大众经济学
历史之源
设计，无处不在
生活中的心理学
政治的历史与边界
哲学的思与惑
资本主义
美国总统制
海德格尔
我们时代的伦理学
卡夫卡是谁
考古学的过去与未来
天文学简史
社会学的意识
康德
尼采
亚里士多德的世界
西方艺术新论
全球化面面观
简明逻辑学
法哲学：价值与事实
政治哲学与幸福根基
选择理论
后殖民主义与世界格局
福柯
缤纷的语言学
达达和超现实主义
佛学概论
维特根斯坦与哲学
科学哲学
印度哲学祛魅
克尔凯郭尔
科学革命
广告
数学
叔本华
笛卡尔
基督教神学
犹太人与犹太教
现代日本
罗兰·巴特
马基雅维里
全球经济史
进化
性存在
量子理论
牛顿新传
国际移民
哈贝马斯
医学伦理
黑格尔
地球
记忆
法律
中国文学
托克维尔
休谟
分子
法国大革命
民族主义
科幻作品
罗素
美国政党与选举
美国最高法院
纪录片
大萧条与罗斯福新政
领导力
无神论
罗马共和国
美国国会
民主
英格兰文学
现代主义
网络
自闭症
德里达
浪漫主义
批判理论

德国文学
戏剧
腐败
医事法
癌症
植物
法语文学
微观经济学
湖泊
拜占庭
儿童心理学
时装
现代拉丁美洲文学
卢梭
隐私
电影音乐
抑郁症
传染病
希腊化时代
知识
电影
俄罗斯文学
古典文学
大数据
洛克
幸福
免疫系统
银行学
景观设计学